得点力不足解消！

中学地理
「基礎基本」定着
面白パズル&テスト

南畑 好伸 著

明治図書

はじめに

　観客を魅了する個人技，華麗なパス回しから繰り出される多彩な攻撃。
　サッカーワールドカップの視聴人口が，オリンピックのそれを上回るのも頷ける。
　その魅力を社会科授業に置き換えてみる。生徒の目を釘付けにする導入資料，心をつかむ語り，思考を揺さぶる発問や構造的な板書など，教師の総合的な授業力と通じるものがあるだろう。あるいは，いきいきとした生徒の眼差し，活発な意見交換，深まりや広がりをみせるふり返り，まとめを連想される方もいるかもしれない。
　でも，それが何だ！　ここぞ!!という場面で得点できなければ，意味がない。
　思うようにテストで得点できない「深刻な得点力不足」に悩む生徒への支援は必要不可欠である。
　ただ……。限られた期間に「深刻な得点力不足」を解消する手立てはあるのか？
　そんな危機感から本書は生まれた。少々泥臭くてもいい。「基礎基本」の確実な定着を図る。ここに，「深刻な得点力不足」を解消するパズル＆テストをご提案する。

パズル＆テスト 作成にあたって

①「ゴール」のかたちを知る〜「枠内へ！」という意識をもたせる〜
　　パズル＆テストの作成にあたり，まず，主要な教科書に共通して掲載されている重要語句をピックアップすることから始めた。「何を，どのように答えれば得点できるのか」を具体的にイメージできるよう，枠をぐっと絞り込んで用語を選定した。

②「苦手意識」を克服する〜社会科は友達，こわくないよ〜
　　パズル＆テストには解答の手助けになるヒントがいっぱい。だから，社会科が苦手な生徒も学びの場に参加できる。自信とやる気が生まれる問題づくりを心がけた。

③「個」を高める〜一つひとつの社会科用語を確実に定着〜
　　「知識・理解」に関する問題に対応するには，一問一答形式の問題を繰り返し解くなど，地道な反復練習が不可欠となる。日々の授業，家庭学習において，本書のパズル＆テストを徹底してやり込んでいただきたい。

④「修正力」を高める〜得点シーンを分析する〜
　　自己採点がしやすいよう，模範解答にはABC三段階の評価基準も示した。生徒が赤ペンで丸つけをしながら，自分の「伸びしろ」をつかんでいく姿をイメージした。

⑤あとは，奇跡の「ゴール」を決めるだけ。さらに，その軌跡を次へつなげる
　　解き終わったパズル＆テストはファイルさせ，毎回の評価も記録させる。成長の足跡が目に見える形で残っていけば，やる気はさらに高まり，学びの好循環が生まれる。

● 評価の記録用紙『学びの軌跡』活用例 ●

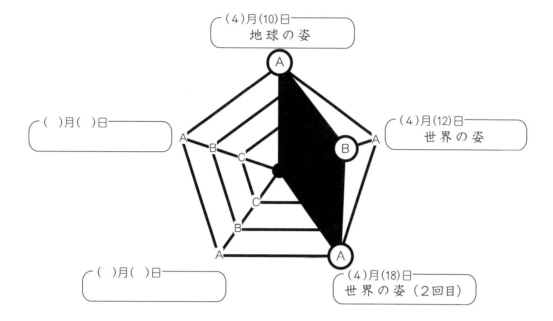

　パズル＆テストと「決めきる！定着テスト」の自己採点が終わったら，上の図のように，評価の記録用紙『学びの軌跡』にA・B・Cの評価を記録させる。

評価の記入方法

① 日付を書く。
② 空欄に「決めきる！定着テスト」のタイトルを書く。
③ 「A」「B」「C」のいずれかに○印をつける。
④ 前回の評価と線で結んで，線の内側を塗る。

　時計回りに5回ぶんの「決めきる！定着テスト」の評価を記録し終わったら，次の記録用紙へ。

　A評価が続けば色がついた五角形が並んでいくので，自分のがんばりを実感できる。

　それが，「やればできる！」という自信と，「次もAを目指すぞ！」というやる気へとつながる。

学びの軌跡

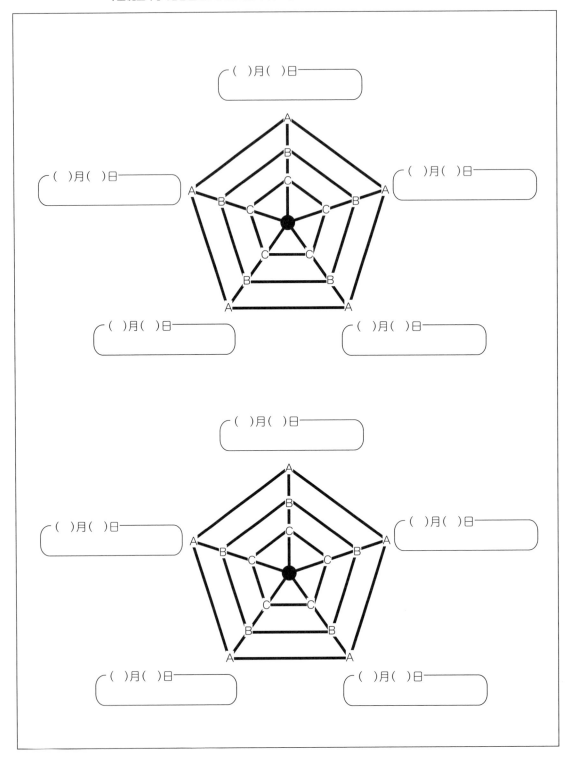

Contents

はじめに	2
『学びの軌跡』活用例	3
学びの軌跡	4

● 第1章 │ 世界のさまざまな地域 「基礎基本」定着面白パズル&テスト

1 │ 世界のすがた

「地球のすがた」パーツパズル	8
「世界のすがた」ブロックパズル	12

2 │ 世界各地の人々の生活と環境

「世界の気候」ブロックパズル	16
「世界の宗教」つなげるパズル	20

3 │ 世界の諸地域

「アジア州の国々Ⅰ」ブロックパズル	24
「アジア州の国々Ⅱ」言葉探しパズル	28
「ヨーロッパ州の国々」ブロックパズル	32
「アフリカ州の国々」キーワードパズル	36
「北アメリカ州の国々」キーワードパズル	40
「北アメリカ州の産業」キーワードパズル	44
「南アメリカ州の国々」キーワードパズル	48
「オセアニア州の国々」キーワードパズル	52

● 第2章 ｜ 日本のさまざまな地域 「基礎基本」定着面白パズル＆テスト

1 ｜ 日本の姿

「国家の領域」パーツパズル ………………………………………………………………… 56

2 ｜ 世界から見た日本の姿

「世界の造山帯・日本の地形」言葉探しパズル ………………………………………… 60
「世界の地形」キーワードパズル ………………………………………………………… 64
「日本の地形」キーワードパズル ………………………………………………………… 68
「地形図の約束Ⅰ」方位パズル …………………………………………………………… 72
「地形図の約束Ⅱ」縮尺パズル …………………………………………………………… 76
「日本の気候」ブロックパズル …………………………………………………………… 80
「人口の変化」つなげるパズル …………………………………………………………… 84
「資源・エネルギー」キーワードパズル ………………………………………………… 88
「日本の農業」結びつけパズル …………………………………………………………… 92
「日本の工業」ブロックパズル …………………………………………………………… 96
「世界と日本の結びつき」穴埋めパズル ………………………………………………… 100

● 第3章｜日本の諸地域
　　　　「基礎基本」定着面白パズル＆テスト

1｜七つの地方

「九州地方」キーワードパズル …………………………………………………… 104
「中国・四国地方」キーワードパズル …………………………………………… 108
「近畿地方」ブロックパズル ……………………………………………………… 112
「中部地方」キーワードパズル …………………………………………………… 116
「関東地方」キーワードパズル …………………………………………………… 120
「東北地方」キーワードパズル …………………………………………………… 124
「北海道地方」キーワードパズル ………………………………………………… 128

おわりに……………………………………………………………………………… 132

● 第1章│世界のさまざまな地域　　1│世界のすがた
「基礎基本」定着面白パズル＆テスト

Puzzle & Test
「基礎基本」定着面白パズル＆テスト

「地球のすがた」パーツパズル

（　）月（　）日　（　）年（　）組（　）番・氏名（　　　　　　　　）

1 右のパズルの中で，色がついていないパーツと同じ形のものを，下のパーツの中から探そう。同じ形のパーツを見つけたら，右のパズルの（　）にあてはまる語句を書き入れよう。

2 下のパーツの中で，使用しないものが2つある。使わないのは，どれと，どれかな？

使わないのは
（　　　　　　　　）と
（　　　　　　　　）

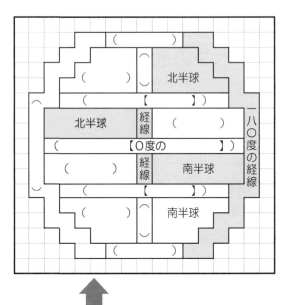

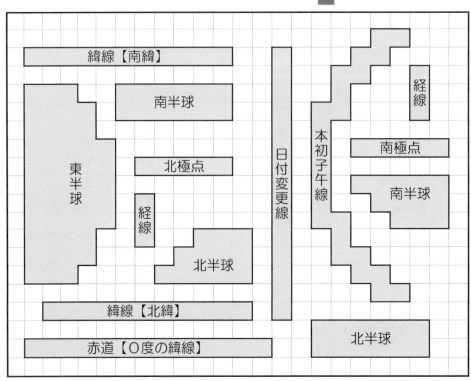

3 次の①から⑧の問いに答えよう。

※**1**のパズルと**2**のパーツにヒントが隠れているよ。探してみて！

① 北緯90度の地点を何というの？

　　　　　　　　　　　　　　　　　　　　　　ほっ…
　　　　　　　　　　　　　　　　　　　漢字3字　□□□

② 南緯90度の地点を何というの？

　　　　　　　　　　　　　　　　　　　　　　な…
　　　　　　　　　　　　　　　　　　　漢字3字　□□□

③ 緯度0度の緯線を何というの？

　　　　　　　　　　　　　　　　　　　　　　せ…
　　　　　　　　　　　　　　　　　　　漢字2字　□□

🔍ヒント：エクアドルといえば，この線！

④ 地球を赤道で半分に分けたとき，赤道から北を何というの？

　　　　　　　　　　　　　　　　　　　　　　…きゅう
　　　　　　　　　　　　　　　　　　　漢字3字　□□□

⑤ 地球を赤道で半分に分けたとき，赤道から南を何というの？

　　　　　　　　　　　　　　　　　　　　　　…きゅう
　　　　　　　　　　　　　　　　　　　漢字3字　□□□

🔍ヒント：この線，イギリスのロンドン郊外にある旧グリニッジ天文台を通るよ

⑥ 経度0度の経線を何というの？

　　　　　　　　　　　　　　　　　　　　　　ほ…
　　　　　　　　　　　　　　　　　　　漢字5字　□□□□□

⑦ 本初子午線の東の経度を何というの？

🔍ヒント：兵庫県明石市は●●135度，東京は●●140度くらい

　　　　　　　　　　　　　　　　　　　　　　…けい
　　　　　　　　　　　　　　　　　　　漢字2字　□□

⑧ 本初子午線の西の経度を何というの？

🔍ヒント：ニューヨークは◆◆75度の経線の東，リオデジャネイロは◆◆45度の経線の東

　　　　　　　　　　　　　　　　　　　　　　…けい
　　　　　　　　　　　　　　　　　　　漢字2字　□□

世界のすがた｜世界各地の人々の生活と環境｜世界の諸地域｜日本の姿｜世界から見た日本の姿｜七つの地方

Answer 模範解答
「地球のすがた」パーツパズル （全問正解で22点）

1 1点×12問 （空欄に語句を書き入れるごとに1点）

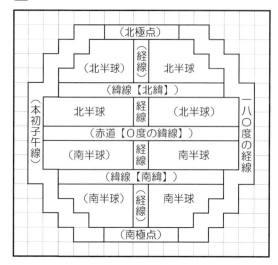

2 1点×2問

使わないのは
（　東半球　）と
（　日付変更線　）
（順不同）

この2つが，使わなかったパーツだよ！

評価基準

A評価
17問以上の正解

B評価
6〜16問の正解

それ以外は

3 1点×8問
① 北極点　② 南極点
③ 赤道　　④ 北半球
⑤ 南半球　⑥ 本初子午線
⑦ 東経　　⑧ 西経

Test 決めきる！定着テスト　　　（　）月（　）日

地球のすがた

（　）年（　）組（　）番・氏名（　　　　　　　）

____評価

（2回目の評価ＡＢＣを記入）

A評価…6問以上の正解　B評価…2〜5問の正解　C評価…それ以外

●【やまおり1】を折って1回目,【やまおり2】を折って2回目をやろう！

（やまおり2）　　（やまおり1）

問題文	2回目	1回目 (1文字ヒントあり)	こたえ
① 北緯90度の地点を何というの？		北	北極点
② 南緯90度の地点を何というの？		南	南極点
③ 緯度0度の緯線を何というの？		赤	赤道
④ 地球を赤道で半分に分けたとき，赤道から北を何というの？		北	北半球
⑤ 地球を赤道で半分に分けたとき，赤道から南を何というの？		南	南半球
⑥ 経度0度の経線を何というの？		本	本初子午線
⑦ 本初子午線の東の経度を何というの？		東	東経
⑧ 本初子午線の西の経度を何というの？		西	西経

世界のすがた｜世界各地の人々の生活と環境｜世界の諸地域｜日本の姿｜世界から見た日本の姿｜七つの地方

Puzzle & Test 「世界のすがた」ブロックパズル

「基礎基本」定着面白パズル＆テスト

( )月( )日 ( )年( )組( )番・氏名( )

1 次のブロックパズルには，下の**2**・**3**のヒントになる文字が隠れている。「ア」「ユ」「オ」「北」「南」だけ塗ってみよう！

何が現れるかな？「キーワード」の欄に漢字2字で答えよう。

注意!!：「海」は絶対に塗っちゃダメだよ！　※キーワードが未完成だとA評価にならないぞ！

キーワード　漢字2字→ □□
現れたのは，南極以外の5つの

ヒント　南極大陸を合わせると6つになります。

2 次の①～⑥にあてはまる大陸名を答えよう。

1字目	おもな国	大陸名
ア	ナイジェリア・エジプト・南アフリカ共和国など	①( )大陸
ユ	中国・ロシア・インド・ドイツ・フランスなど	②( )大陸
オ	オーストラリアのみ	③( )大陸
北	アメリカ合衆国・カナダ・メキシコなど	④( )大陸
南	ブラジル・アルゼンチン・チリ・ペルーなど	⑤( )大陸
南	どこの国の領土でもありません。平和的利用は○	⑥( )大陸

3 次の⑦～⑨にあてはまる海洋名を答えよう。

1字目	海洋名
イ	⑦

1字目	海洋名
太	⑧

1字目	海洋名
大	⑨

4 次の①から⑨の問いに答えよう。

① 六大陸の中で面積が一番大きい大陸は？

　　　　　　　　　　カタカナ5字 □□□□□ 大陸

② ①の大陸の南西にある，大西洋とインド洋にはさまれた大陸は？

　　　　　　　　　　カタカナ4字 □□□□ 大陸

③ 太平洋と大西洋にはさまれた，北半球にある大陸は？

　　　　　　　　　　漢字1字＋カタカナ4字 □□□□□ 大陸

④ 太平洋と大西洋にはさまれた，南半球にある大陸は？

　　　　　　　　　　漢字1字＋カタカナ4字 □□□□□ 大陸

⑤ 太平洋の南西にある，六大陸の中で面積が一番小さい大陸は？

　　　　　　　　　　カタカナ7字 □□□□□□□ 大陸

⑥ 大部分が厚い氷におおわれている大陸は？

　　　　　　　　　　漢字2字 □□ 大陸

⑦ 日付変更線が通る，面積が一番大きい海洋は？
　　（「大」だと×だよ）

　　　　　　　　　　漢字3字 □□□

⑧ 三大洋の中で，面積が2番目に大きい海洋は？
　　（こっちは「太」だと×）

　　　　　　　　　　漢字3字 □□□

⑨ 三大洋の中で，面積が一番小さい海洋は？

　　　　　　　　　　カタカナ3字＋漢字1字 □□□□

世界のすがた｜世界各地の人々の生活と環境｜世界の諸地域｜日本の姿｜世界から見た日本の姿｜七つの地方

Answer 模範解答
「世界のすがた」ブロックパズル （全問正解で24点）

1 5点×1問 （「ア」「ユ」「オ」「北」「南」だけを塗れていること）

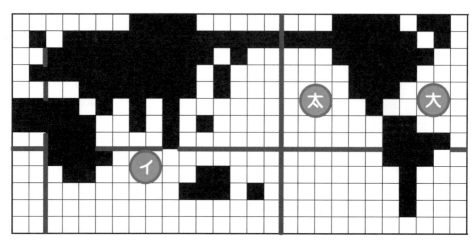

🔍 **キーワード**

現れたのは，南極以外の5つの 1点×1問

2 ① アフリカ（大陸）　② ユーラシア（大陸）　③ オーストラリア（大陸）
　　④ 北アメリカ（大陸）　⑤ 南アメリカ（大陸）　⑥ 南極（大陸）　　1点×6問

3 ⑦ インド洋　⑧ 太平洋　⑨ 大西洋　　1点×3問

4 ① ユーラシア（大陸）
　　② アフリカ（大陸）
　　③ 北アメリカ（大陸）
　　④ 南アメリカ（大陸）
　　⑤ オーストラリア（大陸）
　　⑥ 南極（大陸）
　　⑦ 太平洋
　　⑧ 大西洋
　　⑨ インド洋
　　　　　　　　1点×9問

評価基準

A評価
キーワードを含む19問以上の正解
※必ずキーワードが正解していること！

B評価
7問以上の正解

それ以外は **C評価**

Test 決めきる！定着テスト （ ）月（ ）日

世界のすがた

（ ）年（ ）組（ ）番・氏名（ 　　　　　）

評価

（2回目の評価ＡＢＣを記入）

| A評価…7問以上の正解　B評価…2～6問の正解　C評価…それ以外 |

●【やまおり1】を折って1回目，【やまおり2】を折って2回目をやろう！

（やまおり2）　（やまおり1）

問 題 文	2回目	1回目 (1文字ヒントあり)	こたえ
① 六大陸の中で面積が一番大きい大陸は？	大陸	ユ　　　大陸	ユーラシア大陸
② ①の大陸の南西にある，大西洋とインド洋にはさまれた大陸は？	大陸	ア　　　大陸	アフリカ大陸
③ 太平洋と大西洋にはさまれた，北半球にある大陸は？	大陸	北　　　大陸	北アメリカ大陸
④ 太平洋と大西洋にはさまれた，南半球にある大陸は？	大陸	南　　　大陸	南アメリカ大陸
⑤ 太平洋の南西にある，六大陸の中で面積が一番小さい大陸は？	大陸	オ　　　大陸	オーストラリア大陸
⑥ 大部分が厚い氷におおわれている大陸は？	大陸	南　　　大陸	南 極 大陸
⑦ 日付変更線が通る，面積が一番大きい海洋は？		太	太平洋
⑧ 三大洋の中で，面積が2番目に大きい海洋は？		大	大西洋
⑨ 三大洋の中で，面積が一番小さい海洋は？		イ	インド洋

2｜世界各地の人々の生活と環境

Puzzle & Test
「基礎基本」定着面白パズル＆テスト

「世界の気候」ブロックパズル

（　）月（　）日　（　）年（　）組（　）番・氏名（　　　　　　　　　）

1 例にしたがって，下の **A・B・C・E・F** の空欄にあてはまる漢字を書き入れよう。

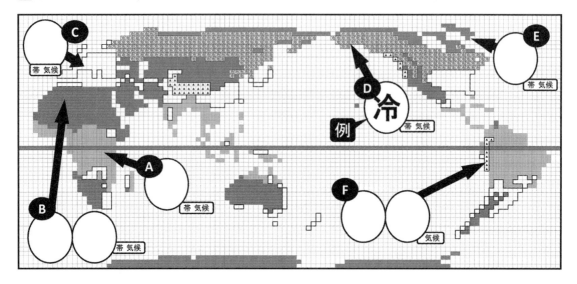

2 下の地図は，**1**の地図から温帯気候の分布だけを抜き出した地図です。な，な，なんと，矢印で示した場所に宝箱が眠っていることがわかりました。上の**1**の地図中にあてはめると，どこになるでしょう？　**1**の地図で探して，同じブロックを塗ろう！

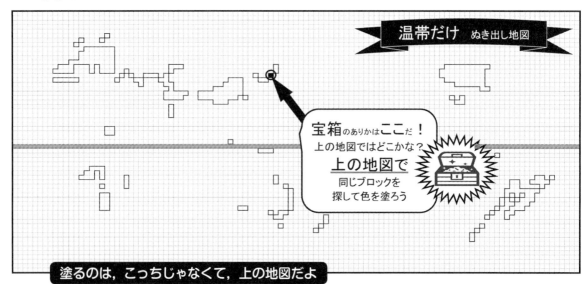

温帯だけ　ぬき出し地図

宝箱のありかはここだ！
上の地図ではどこかな？
上の地図で同じブロックを探して色を塗ろう

塗るのは，こっちじゃなくて，上の地図だよ

3 次のA〜Fは，1の地図のA〜Fの雨温図です。また，A〜Fは下の「つなげるパズル」のA〜Fにも，ばっちり対応しています。さあ，例にしたがって，下の「つなげるパズル」の空欄に，A・B・C・E・Fの気候帯名を書き入れ，・と・を線で結ぼう。

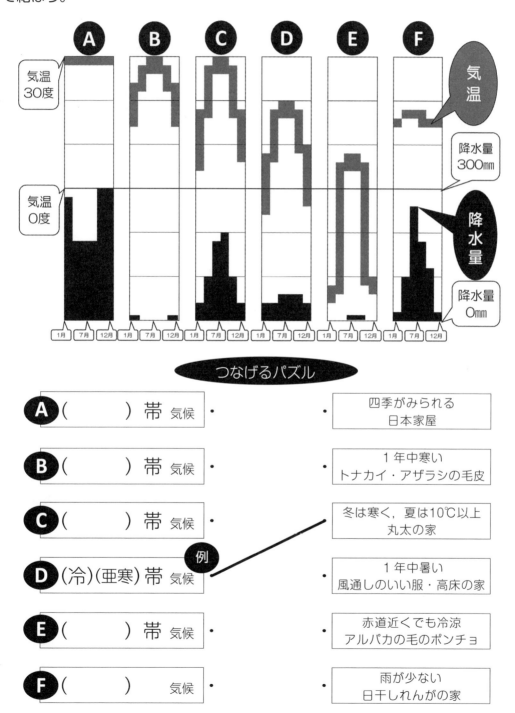

Answer 模範解答
「世界の気候」ブロックパズル （全問正解で11点）

1 1点×5問　A 熱　B 乾燥　C 温　E 寒　F 高山　（地図の空欄に記入）

2 1点×1問　（宝箱のありかを塗ることができていれば1点）

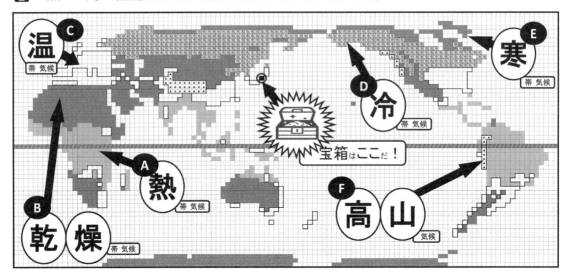

3 1点×5問　（正しい組み合わせをつくるごとに1点）

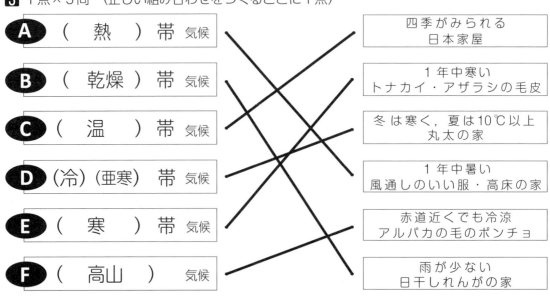

A　(熱)帯 気候 — 1年中暑い　風通しのいい服・高床の家
B　(乾燥)帯 気候 — 雨が少ない　日干しれんがの家
C　(温)帯 気候 — 四季がみられる　日本家屋
D　(冷)(亜寒)帯 気候 — 冬は寒く，夏は10℃以上　丸太の家
E　(寒)帯 気候 — 1年中寒い　トナカイ・アザラシの毛皮
F　(高山)気候 — 赤道近くでも冷涼　アルパカの毛のポンチョ

評価基準
A評価　8問以上の正解　　B評価　3〜7問の正解　　それ以外は C評価

Test 決めきる！定着テスト　　（　）月（　）日

世界の気候

（　）年（　）組（　）番・氏名（　　　　　　　）

＿＿ 評価

（2回目の評価ABCを記入）

A評価…4問以上の正解　B評価…2〜3問の正解　C評価…それ以外

●【やまおり1】を折って1回目,【やまおり2】を折って2回目をやろう！

（やまおり2）　　　　（やまおり1）

問題文	2回目	1回目（ヒントあり）	こたえ
① 世界の気候区分の一つで,1年中暑い気候帯は？	帯 気候	（風通しのいい服） 帯 気候	熱帯気候
② 世界の気候区分の一つで,雨が少ない気候帯は？	帯 気候	（日干しれんがの家） 帯 気候	乾燥帯気候
③ 世界の気候区分の一つで,四季がみられる気候帯は？	帯 気候	（日本家屋） 帯 気候	温帯気候
④ 世界の気候区分の一つで,冬は寒く,夏は10℃以上の気候帯は？	帯 気候	（丸太の家） 帯 気候	冷（亜寒）帯気候
⑤ 世界の気候区分の一つで,1年中寒い気候帯は？	帯 気候	（トナカイの毛皮） 帯 気候	寒帯気候
⑥ 世界の気候区分の一つで,赤道近くでも冷涼な気候帯は？	気候	（アルパカの毛のポンチョ） 気候	高山気候

19

Puzzle & Test
「基礎基本」定着面白パズル&テスト

「世界の宗教」つなげるパズル

（　）月（　）日　（　）年（　）組（　）番・氏名（　　　　　　　　　　　）

1 例のように，点と点（● と ●）を線（―）で結び，正しい組み合わせをつくろう。

仏　教	キリスト教	イスラム教

（例）

ムハンマド	イエス	シャカ

聖　書	経	コーラン（クルアーン）

1日5回のお祈り	日曜日は教会へ	お寺でのお参り

東南アジア 東アジア	ヨーロッパ・オセアニア 北アメリカ・南アメリカ	西アジア・北アフリカ 中央アジア・東南アジア

イラン　パキスタン	タイ　ミャンマー	ドイツ　アメリカ

2 下のパズルの「仏」「キ」「イ」と「ヒ」のブロックを塗り分けて，世界の三大宗教とヒンドゥー教のおおまかな分布図を完成させよう。また，塗らなかった4つのブロックを組み合わせてキーワードを完成させよう。

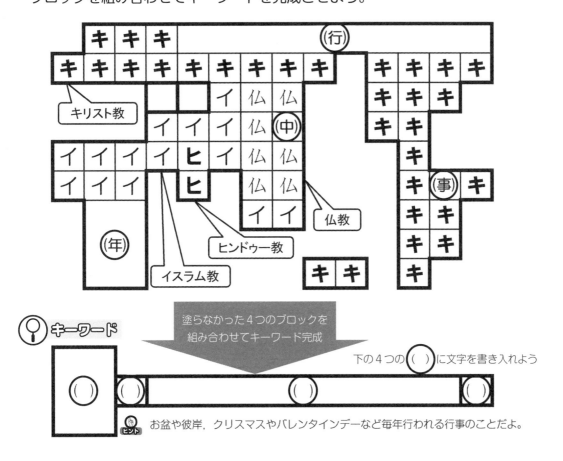

塗らなかった4つのブロックを組み合わせてキーワード完成

下の4つの（　）に文字を書き入れよう

ヒント：お盆や彼岸，クリスマスやバレンタインデーなど毎年行われる行事のことだよ。

3 次の①〜④にあてはまる語句を答えよう。

① お盆やお彼岸など，日本の年中行事にも関係が深い宗教は？
（東南アジアなどで信仰されている宗教だよ）　　漢字1字　□教

② クリスマスやイースターと関係が深い宗教は？
（ヨーロッパなどで信仰されている宗教だよ）　　カタカナ4字　□□□□教

③ 豚肉を食べることが禁止されている宗教は？
（西アジアなどで信仰されている宗教だよ）　　カタカナ4字　□□□□教

④ 牛肉を食べることが禁止されている宗教は？
（三大宗教ではありません）
（おもにインドで信仰されている宗教だよ）　　カタカナ5字　□□□□□教

Answer 模範解答

「世界の宗教」つなげるパズル （全問正解で23点）

1 1点×14問 （正しい組み合わせをつくり，線で結ぶごとに1点）

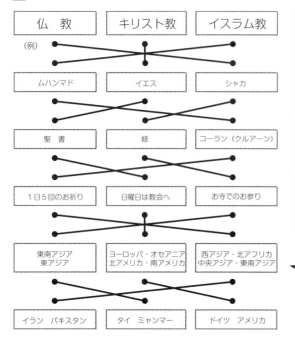

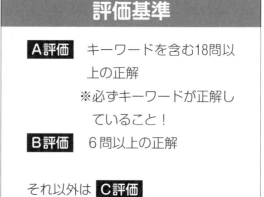

評価基準

A評価 キーワードを含む18問以上の正解
※必ずキーワードが正解していること！

B評価 6問以上の正解

それ以外は **C評価**

イスラエルでは70％以上の人がユダヤ教を信仰しているんだ

2 1点×4問 （宗教を塗るごとに1点）

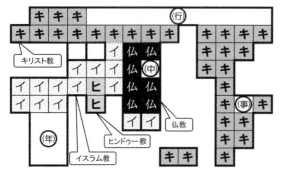

 キーワード

1点×1問
（キーワードの「年中行事」が書けていれば1点）

3 1点×4問

① 仏（教）
② キリスト（教）
③ イスラム（教）
④ ヒンドゥー（教）

インドでは80％以上の人がヒンドゥー教を信仰しているよ

Test 決めきる！定着テスト　　　　（　）月（　）日

世界の宗教

（　）年（　）組（　）番・氏名（　　　　　　　）

___評価

（2回目の評価ＡＢＣを記入）

A評価…3問以上の正解　B評価…1〜2問の正解　C評価…それ以外

● 【やまおり1】を折って1回目，【やまおり2】を折って2回目をやろう！

（やまおり2）　　（やまおり1）

問題文	2回目	1回目 （1文字ヒントあり）	こたえ
① お盆やお彼岸など，日本の年中行事にも関係が深い宗教は？ （東南アジアなどで信仰されている宗教だよ）	教	ノーヒント 教	仏 教
② クリスマスやイースターと関係が深い宗教は？ （ヨーロッパなどで信仰されている宗教だよ）	教	キ 教	キリスト 教
③ 豚肉を食べることが禁止されている宗教は？ （西アジアなどで信仰されている宗教だよ）	教	イ 教	イスラム 教
④ 牛肉を食べることが禁止されている宗教は？ （三大宗教ではありません） （おもにインドで信仰されている宗教だよ）	教	ヒ 教	ヒンドゥー 教

世界のすがた｜世界各地の人々の生活と環境｜世界の諸地域｜日本の姿｜世界から見た日本の姿｜七つの地方

3 | 世界の諸地域

Puzzle & Test
「基礎基本」定着面白パズル&テスト

「アジア州の国々Ⅰ」 ブロックパズル

( )月( )日 ( )年( )組( )番・氏名( )

1 次のブロックパズルには，下の「ヒントキャンディー盛り合わせ」の11の語句が隠れている。語句ごとに区切ってうすく塗っていくと，どこにも属さない文字が出てくるので，その文字を並べてキーワードを完成させよう。

※隠れている語句は，タテ書き・ヨコ書き，途中で曲がったり，逆さまに読むのもあるよ。

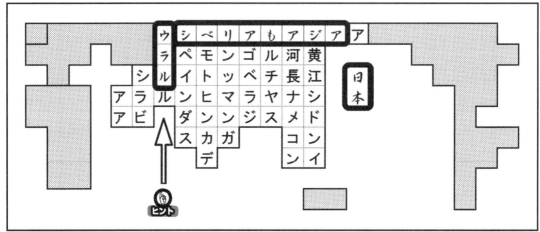

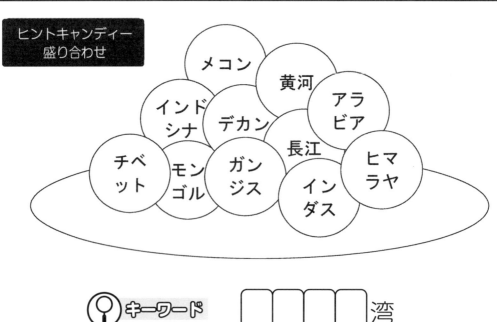

キーワード：□□□□湾
（ャ）

2 例にしたがって，次の①から⑪の問いに答えよう。※**1**のパズルにヒントが隠れているよ。

（例1）ユーラシア大陸をアジアとヨーロッパに分けるロシアの山脈は？
　　　　　　　　　　　　　　　　　カタカナ3字　| ウ | ラ | ル |　山脈

（例2）ロシアの中でアジアに属する地域がある。どの地域のことか簡単に説明せよ。
　　　　　　　　　ロシア東部の　| シ | ベ | リ | ア | も | ア | ジ | ア |　である
　　　　　　　　　　　　　　　　　カタカナ4字＋も＋カタカナ3字

① モンゴル南部から中国北部の内陸に広がる高原は？
　　　　　　　　　　　　　　　　　カタカナ4字　|　|　|　|　|　高原

② ユーラシア大陸の中央部に広がる世界最大級の高原は？
　　　　　　　　　　　　　　　　　カタカナ4字　|　|　|　|　|　高原

③ インドの大部分を占める高原は？
　　　　　　　　　　　　　　　　　カタカナ3字　|　|　|　|　高原

④ エベレスト山もある，地球上でもっとも標高が高い山脈は？
　　　　　　　　　　　　　　　　　カタカナ4字　|　|　|　|　|　山脈

⑤ 中国北部を流れる，中流が「几」の字の形のような川は？
　　　　　　　　　　　　　　　　　漢字2字　|　|　|

⑥ 中国南部を流れる揚子江ともよばれる川は？
　　　　　　　　　　　　　　　　　漢字2字　|　|　|

⑦ 中国，ミャンマー，ラオス，タイ，カンボジア，ベトナムを流れる川は？
　　　　　　　　　　　　　　　　　カタカナ3字　|　|　|　|　川

⑧ インドで「聖なる川」とよばれるのは？
　　　　　　　　　　　　　　　　　カタカナ4字　|　|　|　|　|　川

⑨ 流域で古代文明が発達した川は？
　　　　　　　　　　　　　　　　　カタカナ4字　|　|　|　|　|　川

⑩ 稲作がさかんなタイ，ラオス，ベトナム，カンボジアがある半島は？
　　　　　　　　　　　　　　　　　カタカナ5字　|　|　|　|　|　|　半島

⑪ 砂漠が広がるサウジアラビアなどがある半島は？
　　　　　　　　　　　　　　　　　カタカナ4字　|　|　|　|　|　半島

Answer 模範解答

「アジア州の国々Ⅰ」ブロックパズル (全問正解で23点)

1 1点×11問 （1つ塗るごとに1点）

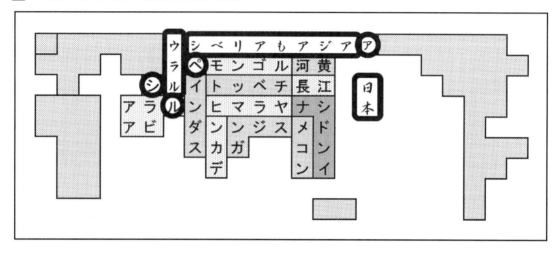

 キーワード  湾
（ヤ）

1点×1問

2 ① モンゴル（高原）
② チベット（高原）
③ デカン（高原）
④ ヒマラヤ（山脈）
⑤ 黄河
⑥ 長江
⑦ メコン（川）
⑧ ガンジス（川）
⑨ インダス（川）
⑩ インドシナ（半島）
⑪ アラビア（半島）

1点×11問

評価基準

A評価
キーワードを含む18問以上の正解
※必ずキーワードが正解していること！

B評価
6問以上の正解

それ以外は **C評価**

Test 決めきる！定着テスト　　　（　）月（　）日

アジア州の国々Ⅰ

（　）年（　）組（　）番・氏名（　　　　　　　　）

_____評価

A評価…8問以上の正解　B評価…3～7問の正解　C評価…それ以外

（2回目の評価ABCを記入）

● 【やまおり1】を折って1回目，【やまおり2】を折って2回目をやろう！

（やまおり2）　　（やまおり1）

問題文	2回目	1回目 (1文字ヒントあり)	こたえ
① モンゴル南部から中国北部の内陸に広がる高原は？	高原	モ 高原	モンゴル高原
② ユーラシア大陸の中央部に広がる世界最大級の高原は？	高原	チ 高原	チベット高原
③ インドの大部分を占める高原は？	高原	デ 高原	デカン高原
④ エベレスト山もある，地球上でもっとも標高が高い山脈は？	山脈	ヒ 山脈	ヒマラヤ山脈
⑤ 中国北部を流れる，中流が「几」の字の形のような川は？	河	ノーヒント	黄河
⑥ 中国南部を流れる揚子江ともよばれる川は？	江	ノーヒント 江	長江
⑦ 中国，ミャンマー，ラオス，タイ，カンボジア，ベトナムを流れる川は？	川	メ 川	メコン川
⑧ インドで「聖なる川」とよばれるのは？	川	ガ 川	ガンジス川
⑨ 流域で古代文明が発達した川は？	川	イ 川	インダス川
⑩ 稲作がさかんなタイ，ラオス，ベトナム，カンボジアがある半島は？	半島	イ 半島	インドシナ半島
⑪ 砂漠が広がるサウジアラビアなどがある半島は？	半島	ア 半島	アラビア半島

Puzzle & Test 「アジア州の国々Ⅱ」言葉探しパズル

「基礎基本」定着面白パズル&テスト

（　）月（　）日　　（　）年（　）組（　）番・氏名（　　　　　　　　　）

1 次の「パズルA」には，あとの**3**の①〜⑫の答えになる語句が隠れている（タテ書き・ヨコ書き，途中で何回か曲がったり，逆さまに読むのもあるよ）。語句ごとに区切ってうすく塗っていくと，漢字1文字があらわれる。その漢字をキーワード欄の1マス目に書こう。

パズルA

1	53	26	68	22	57	14	35	7	48	30
63	漢	プ	ラ	ン	テ	ー	シ	ョ	ン	23
17	59	45	少	65	8	54	世	4	62	41
55	12	40	数	31	37	19	界	70	38	11
28	済	経	S	E	A	N	の	イ	ス	34
49	特	73	A	3	61	43	工	56	ラ	18
20	区	O	P	風	節	季	場	教	ム	58
72	33	16	E	13	69	5	工	67	9	27
42	6	64	C	47	24	50	業	71	25	44
52	一	人	っ	子	政	策	二	期	作	32
10	60	36	21	46	15	66	29	39	51	2

パズルB

中	ド	朝	韓	ガ	マ	ウ	和	国	リ	主
ル										ポ
ラ	ー	ン		タ	パ	ネ		民	ト	ザ
シ	ン	カ		義	日	ア		国	本	タ
民										共
ピ		ド			人	ア	ス		ア	ビ
シ										レ
ン	民	ア		サ	民	共		大	キ	鮮
フ	和	コ		ィ	ー	ン		イ	タ	人
ン										華
ス	シ	国	ン	フ	ジ	イ	主	国	イ	

🔍 キーワード　□細亜　　☝ヒント　漢字で書くとこうなるんだよね。

2 上の「パズルA」と「パズルB」を組み合わせると，下の国名があらわれる。「1〜7」「26〜36」「62〜64」「71〜73」にあてはまる文字を下の空欄に書き入れよう。

1	2	3	4	5	6	7

8	9	10	11	12
パ	キ	ス	タ	ン

13	14	15	16	17	18	19
サ	ウ	ジ	ア	ラ	ビ	ア

20	21	22	23	24	25
シ	ン	ガ	ポ	ー	ル

26	27	28	29	30	31	32	33	34	35	36

37	38	39
日	本	国

40	41	42	43	44	45
カ	ザ	フ	ス	タ	ン

46	47	48	49	50
フ	ィ	リ	ピ	ン

51	52	53	54	55	56
イ	ン	ド	ネ	シ	ア

57	58	59	60	61
マ	レ	ー	シ	ア

62	63	64

65	66
タ	イ

67	68	69	70
大	韓	民	国

71	72	73

3 次の①〜⑫にあてはまる語句を答えよう。　※「パズルA」で塗った語句を使おう。

① アジアの東部に吹く，夏と冬で風向きが逆になる風は？（モンスーンともいうよ）
　　　　　　　　　　　　　　　　　　　　　　　漢字3字　☐☐☐

② 中国の人口の約9割を占める民族は？　　　　　漢字1字　☐族（民族）

③ 中国の人口の約1割を占める，人口が少ない民族は？　漢字2字　☐☐民族

④ 中国で行われていた，生まれる子どもの数を制限する人口抑制政策は？
　　　　　　　　　　　　　漢字とひらがなあわせて6字　☐☐☐☐☐☐

⑤ 外国の企業を招くため，税金を軽くしている中国沿海部の5つの地区を何というの？
　　　　　　　　　　　　　　　　　　　　　　　漢字4字　☐☐☐☐

⑥ 工業製品を大量に生産し，世界に輸出している中国は何とよばれるようになったの？
　　　　　　　　　　　　　漢字とひらがなあわせて5字　☐☐☐☐☐

⑦ 1年に2回，同じ作物をつくることを何というの？（1年の間に2種類つくるのは，「二毛作」だから，間違わないで！）
　　　　　　　　　　　　　　　　　　　　　　　漢字3字　☐☐☐

⑧ 東南アジアなどでみられる，植民地時代につくられた大規模な農園を何というの？
　　　　　　　　　　　　　　　　　　　カタカナ8字　☐☐☐☐☐☐☐☐

⑨ タイやマレーシアなどで増えている，たくさんの工場が計画的につくられた地区は？
　　　　　　　　　　　　　　　　　　　　　　　漢字2字　☐☐団地

⑩ 東南アジア諸国連合の略称は？
　　　　　　　　　　　　　　　　　　　アルファベット5字　☐☐☐☐☐

⑪ 1960年に西アジアで結成された石油輸出国機構の略称は？
　　　　　　　　　　　　　　　　　　　アルファベット4字　☐☐☐☐

⑫ 西アジアやインドネシア，マレーシアで広く信仰されている宗教は？
　　　　　　　　　　　　　　　カタカナ4字＋漢字1字　☐☐☐☐☐

Answer 模範解答
「アジア州の国々Ⅱ」言葉探しパズル （全問正解で29点）

1 1点×12問 （1つ塗るごとに1点）

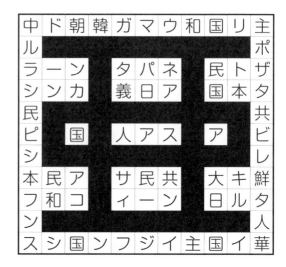

キーワード 亜細亜　　1点×1問

2 1点×4問

1	2	3	4	5	6	7
中	華	人	民	共	和	国

26	27	28	29	30	31	32	33	34	35	36
朝	鮮	民	主	主	義	人	民	共	和	国

62	63	64
ト	ル	コ

71	72	73
イ	ン	ド

3 1点×12問

① 季節風　　② 漢（族・民族）
③ 少数（民族）　④ 一人っ子政策
⑤ 経済特区　⑥ 世界の工場
⑦ 二期作　　⑧ プランテーション
⑨ 工業（団地）　⑩ ASEAN
⑪ OPEC　　⑫ イスラム教

評価基準

A評価
キーワードを含む23問以上の正解
※必ずキーワードが正解していること！

B評価
8問以上の正解

それ以外は **C評価**

Test 決めきる！定着テスト

アジア州の国々 Ⅱ

( )年( )組( )番・氏名( )　　( )月( )日

評価

(2回目の評価ABCを記入)

A評価…9問以上の正解　B評価…3〜8問の正解　C評価…それ以外

●【やまおり1】を折って1回目，【やまおり2】を折って2回目をやろう！

問題文	2回目	1回目（1文字ヒントあり）	こたえ
① アジアの東部に吹く，夏と冬で風向きが逆になる風は？（モンスーンともいうよ）		季	季節風
② 中国の人口の約9割を占める民族は？	族（民族）	ノーヒント 族（民族）	漢族（民族）
③ 中国の人口の約1割を占める，人口が少ない民族は？	民族	少 民族	少数民族
④ 中国で行われていた，生まれる子どもの数を制限する人口抑制政策は？		一	一人っ子政策
⑤ 外国の企業を招くため，税金を軽くしている中国沿海部の5つの地区を何というの？		経	経済特区
⑥ 工業製品を大量に生産し，世界に輸出している中国は何とよばれるようになったの？		世	世界の工場
⑦ 1年に2回，同じ作物をつくることを何というの？		二	二期作
⑧ 東南アジアなどでみられる，植民地時代につくられた大規模な農園を何というの？		プ	プランテーション
⑨ タイやマレーシアなどで増えている，たくさんの工場が計画的につくられた地区は？	団地	工 団地	工業団地
⑩ 東南アジア諸国連合の略称は？（アルファベット5文字）		A	ASEAN
⑪ 1960年に西アジアで結成された石油輸出国機構の略称は？（アルファベット4文字）		O	OPEC
⑫ 西アジアやインドネシア，マレーシアで広く信仰されている宗教は？		イ	イスラム教

Puzzle & Test

「基礎基本」定着面白パズル＆テスト

「ヨーロッパ州の国々」ブロックパズル

（　）月（　）日　（　）年（　）組（　）番・氏名（　　　　　　　　　）

1 右のブロックパズルには，オランダの オラ や，フランスの フ など，EU加盟国の出だしの文字が書かれている。

例の オラ のように，うすく塗ろう。

塗るだけ問題

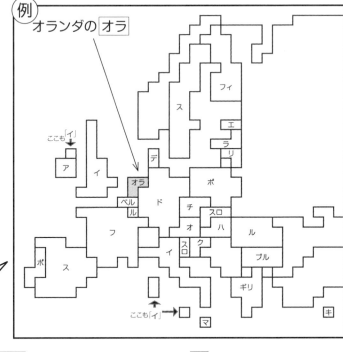

オラ	……オランダ
フ	……フランス
ル	……ルクセンブルク
イ	……イタリア
ベ	……ベルギー
ド	……ドイツ
	（原加盟国）

ア	……アイルランド
イ	……イギリス
デ	……デンマーク
	（1973年）

| ギリ | ……ギリシャ |
| | （1981年） |

ス	……スペイン
ポ	……ポルトガル
	（1986年）

オ	……オーストリア
フィ	……フィンランド
ス	……スウェーデン
	（1995年）

ポ	……ポーランド
チ	……チェコ
ハ	……ハンガリー
スロ	……スロベニア
スロ	……スロバキア
エ	……エストニア
ラ	……ラトビア
リ	……リトアニア
キ	……キプロス
マ	……マルタ
	（2004年）

ブ	……ブルガリア
ル	……ルーマニア
	（2007年）

| ク | ……クロアチア |
| | （2013年） |

※イギリスは，2016年の国民投票でEUからの離脱を決めています。

❷【お話】を読んでから，【やまおり 1】を折り，「1回目」の出だしの文字に続けて国名を書こう。次に【やまおり 2】を折って「2回目」にEU加盟国名を書こう！

EU加盟国

【お話】
● オラは古い（フルイ）ベルトしか持ってないけど、会社への愛で（アイデ）ギリギリ、スポーツカーでオフィスに来まs（キマす）。ポチはスロスロと（フェラーリではなく）エラーリでブルル……「クッ」（っと，不敵な笑みを浮かべるポチであった。つづく……）

	イラスト	2回目	1回目	こたえ
	オラ	① (　　)	(オラ　)	オランダ
		② (　　)	(フ　)	フランス
		③ (　　)	(ル　)	ルクセンブルク
		④ (　　)	(イ　)	イタリア
		⑤ (　　)	(ベル　)	ベルギー
		⑥ (　　)	(ド　)	ドイツ
	愛で	⑦ (　　)	(ア　)	アイルランド
		⑧ (　　)	(イ　)	イギリス
		⑨ (　　)	(デ　)	デンマーク
	ギリ²	⑩ (　　)	(ギリ　)	ギリシャ
	車	⑪ (　　)	(ス　)	スペイン
		⑫ (　　)	(ポ　)	ポルトガル
	EU会社	⑬ (　　)	(オ　)	オーストリア
		⑭ (　　)	(フィ　)	フィンランド
		⑮ (　　)	(ス　)	スウェーデン
	キマす！	⑯ (　　)	(キ　)	キプロス
		⑰ (　　)	(マ　)	マルタ
	ポチはスロスロ	⑱ (　　)	(ポ　)	ポーランド
		⑲ (　　)	(チ　)	チェコ
		⑳ (　　)	(ハ　)	ハンガリー
		㉑ (　　)	(スロ　)	スロベニア
		㉒ (　　)	(スロ　)	スロバキア
	フェラーリ	㉓ (　　)	(エ　)	エストニア
		㉔ (　　)	(ラ　)	ラトビア
		㉕ (　　)	(リ　)	リトアニア
	ブルル	㉖ (　　)	(ブル　)	ブルガリア
		㉗ (　　)	(ル　)	ルーマニア
	クッ	㉘ (　　)	(ク　)	クロアチア

世界のすがた｜世界各地の人々の生活と環境｜世界の諸地域｜日本の姿｜世界から見た日本の姿｜七つの地方

Answer 模範解答
「ヨーロッパ州の国々」ブロックパズル （全問正解で83点）

1 1点×27問 （1つ塗るごとに1点）

2 1回目 1点×28問
　　 2回目 1点×28問

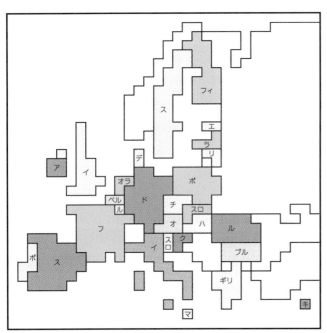

	2回目	1回目
①	オランダ	ンダ
②	フランス	ランス
③	ルクセンブルク	クセンブルク
④	イタリア	タリア
⑤	ベルギー	ギー
⑥	ドイツ	イツ
⑦	アイルランド	イルランド
⑧	イギリス	ギリス
⑨	デンマーク	ンマーク
⑩	ギリシャ	シャ
⑪	スペイン	ペイン
⑫	ポルトガル	ルトガル
⑬	オーストリア	ーストリア
⑭	フィンランド	ンランド
⑮	スウェーデン	ウェーデン
⑯	キプロス	プロス
⑰	マルタ	ルタ
⑱	ポーランド	ーランド
⑲	チェコ	ェコ
⑳	ハンガリー	ンガリー
㉑	スロベニア	ベニア
㉒	スロバキア	バキア
㉓	エストニア	ストニア
㉔	ラトビア	トビア
㉕	リトアニア	トアニア
㉖	ブルガリア	ガリア
㉗	ルーマニア	ーマニア
㉘	クロアチア	ロアチア

評価基準

A評価 66問以上の正解

B評価 24～65問の正解

それ以外は **C評価**

Test 決めきる！定着テスト　　　（　）月（　）日

ヨーロッパ州の国々

（　）年（　）組（　）番・氏名（　　　　　　　　）

_評価

（2回目の評価 ABCを記入）

A評価…22問以上の正解　B評価…8〜21問の正解　C評価…それ以外

● 【やまおり】を折って，解答欄に国名を書こう！

（自信のある人はこっちをやまおり）

（やまおり）

EU加盟国

問　題　文	解答欄(国名)	ヒント	こたえ
① 風車とチューリップ。ポルダー（干拓地）もこの国が有名。		オラ	オランダ
② 花の都パリ。小麦栽培などEUを代表する農業国。		フ	フランス
③ 国民総所得（一人あたり）が多い。首都名も同じ。		ル	ルクセンブルク
④ ピザとパスタ。ローマ，フィレンツェ，ミラノ…。		イ	イタリア
⑤ チョコレート！ワッフル！首都はブリュッセル。		ベル	ベルギー
⑥ 首都はベルリン。ルール工業地帯。EUで一番の工業国。		ド	ドイツ
⑦ 首都はダブリン。島の北東部はイギリスと接する。		ア	アイルランド
⑧ 18世紀末の産業革命。近代工業はこの国から。		イ	イギリス
⑨ 童話作家アンデルセン。首都はコペンハーゲン。		デ	デンマーク
⑩ アテネ，古代オリンピック。バルカン半島南端の国。		ギリ	ギリシャ
⑪ 闘牛。オレンジ。地中海式農業。首都はマドリード。		ス	スペイン
⑫ イベリア半島西部の国。鉄砲伝来。首都はリスボン。		ポ	ポルトガル
⑬ 首都ウィーンは「音楽の都」と呼ばれる。		オ	オーストリア
⑭ ムーミン，サンタクロース。首都はヘルシンキ。		フィ	フィンランド
⑮ 首都ストックホルムではノーベル賞の授賞式が。		ス	スウェーデン
⑯ 東地中海に位置する国。首都はニコシア。		キ	キプロス
⑰ 首都はバレッタ。シチリア島の南にうかぶ島国。		マ	マルタ
⑱ 大戦中，アウシュビッツ強制収容所がつくられた国。		ポ	ポーランド
⑲ かつてスロバキアと1つの国だった。首都はプラハ。		チ	チェコ
⑳ 「ドナウの女王」とも称されるブダペストが首都。		ハ	ハンガリー
㉑ スロバキアじゃないよ！首都はリュブリャナ。		スロ	スロベニア
㉒ 1993年，チェコスロバキアから独立した国。		スロ	スロバキア
㉓ バルト三国の一つ。北から数えて1つめ。		エ	エストニア
㉔ バルト三国の一つ。北からでも南からでも2つめ。		ラ	ラトビア
㉕ バルト三国の一つ。南から数えて1つめ。		リ	リトアニア
㉖ 国民総所得（一人あたり）が少ない。首都はソフィア。		ブル	ブルガリア
㉗ 冷戦期はチャウシェスクの独裁。首都はブカレスト。		ル	ルーマニア
㉘ 首都はザグレブ。バルカン半島の北西部にある国。		ク	クロアチア

※⑧は2016年の国民投票でEUからの離脱を決めています。

Puzzle & Test

「基礎基本」定着面白パズル&テスト

「アフリカ州の国々」キーワードパズル

( )月( )日 ( )年( )組 ( )番・氏名( )

1 次のブロックパズルには，**2**の①〜⑫の答えになる語句が隠れている。語句ごとに区切ってうすく塗っていくと，どこにも属さない文字が出てくるので，その文字を並べてキーワードを完成させよう。

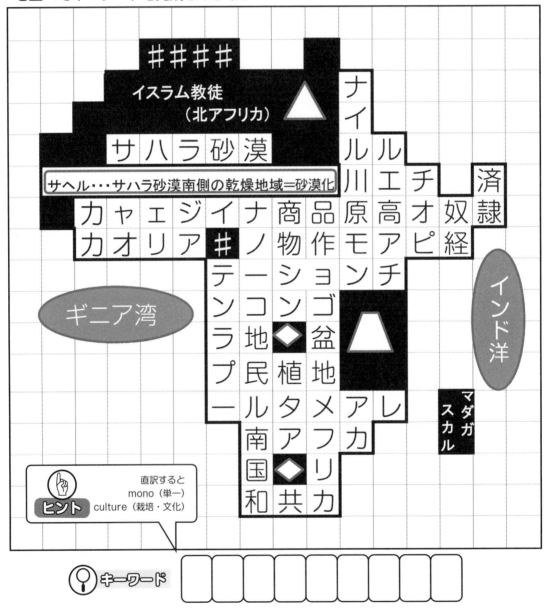

ヒント：直訳すると mono（単一） culture（栽培・文化）

キーワード：□□□□□□□□□

2 次の①〜⑫にあてはまる語句を答えよう。

① アフリカ大陸北部にある世界最大の砂漠は？
　　　　　　　　　　　　カタカナ3字＋漢字2字

② アフリカ中央部にある熱帯雨林が広がる盆地は？
　　　　　　　　　　　　カタカナ3字＋漢字2字

③ アフリカ東北部を流れ，地中海に注ぐ河川は？
　　　　　　　　　　　　カタカナ3字＋漢字1字

④ アフリカ北東部にある高原は？
　　　　　　　　　　　　カタカナ5字＋漢字2字

⑤ 他国によって政治・経済などが支配された地域のことを何というの？
　　　　　　　　　　　　漢字3字

⑥ コバルト・クロムなどの希少金属を何というの？
　　　　　　　　　　　　カタカナ5字

⑦ 原油の産出量が多いギニア湾沿岸の国は？
　　　　　　　　　　　　カタカナ6字

⑧ 工業が発達しているアフリカ最南端の国は？
　　　　　　　　　　　　漢字1字＋カタカナ4字＋漢字3字

⑨ 市場で売ることを目的に生産される農産物を何というの？
　　　　　　　　　　　　漢字4字

⑩ アフリカを植民地支配していたヨーロッパ人が開いた大農園は？
　　　　　　　　　　　　カタカナ8字

⑪ コートジボワールやガーナで生産がさかんなチョコレートの原料は？
　　　　　　　　　　　　カタカナ3字

⑫ かつてアフリカ大陸から連れ去られた黒人のように，強制的に働かされる人々は？
　　　　　　　　　　　　漢字2字

Answer 模範解答
「アフリカ州の国々」キーワードパズル （全問正解で25点）

1 1点×12問 （1つ塗るごとに1点）

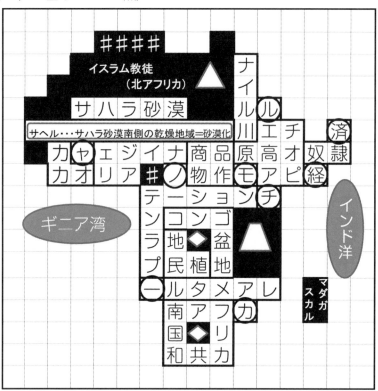

1点×1問

2 1点×12問

① サハラ砂漠　② コンゴ盆地
③ ナイル川　　④ エチオピア高原
⑤ 植民地　　　⑥ レアメタル
⑦ ナイジェリア　⑧ 南アフリカ共和国
⑨ 商品作物　　⑩ プランテーション
⑪ カカオ　　　⑫ 奴隷

評価基準

A評価
キーワードを含む20問以上の正解
※必ずキーワードが正解していること！

B評価
7問以上の正解
それ以外は **C評価**

Test 決めきる！定着テスト ( )月( )日

アフリカ州の国々

( )年( )組( )番・氏名( )　　評価

A評価…9問以上の正解　B評価…3〜8問の正解　C評価…それ以外

（2回目の評価ABCを記入）

●【やまおり1】を折って1回目，【やまおり2】を折って2回目をやろう！

（やまおり2）　（やまおり1）

問題文	2回目	1回目 (1文字ヒントあり)	こたえ
① アフリカ大陸北部にある世界最大の砂漠は？	砂漠	サ　砂漠	サハラ砂漠
② アフリカ中央部にある熱帯雨林が広がる盆地は？	盆地	コ　盆地	コンゴ盆地
③ アフリカ東北部を流れ，地中海に注ぐ河川は？	川	ナ　川	ナイル川
④ アフリカ北東部にある高原は？	高原	エ　高原	エチオピア高原
⑤ 他国によって政治・経済などが支配された地域のことを何というの？		植	植民地
⑥ コバルト・クロムなどの希少金属を何というの？		レ	レアメタル
⑦ 原油の産出量が多いギニア湾沿岸の国は？		ナ	ナイジェリア
⑧ 工業が発達しているアフリカ最南端の国は？		南	南アフリカ共和国
⑨ 市場で売ることを目的に生産される農産物を何というの？		商	商品作物
⑩ アフリカを植民地支配していたヨーロッパ人が開いた大農園は？		プ	プランテーション
⑪ コートジボワールやガーナで生産がさかんなチョコレートの原料は？		カ	カカオ
⑫ かつてアフリカ大陸から連れ去られた黒人のように，強制的に働かされる人は？		奴	奴隷

Puzzle & Test ―「北アメリカ州の国々」キーワードパズル

「基礎基本」定着面白パズル＆テスト

（　）月（　）日　　（　）年（　）組（　）番・氏名（　　　　　　　　　）

1 次のパズルの中で，語句が書かれていないパーツと同じ形のものを，下のパーツの中から探そう。同じ形のパーツを見つけたら，パズルの（　　）にあてはまる語句を書き入れ，例の「中央アメリカ」のように，うすく塗ろう。

2 例のように，右のパズルの中の語句をうすく塗っていくとどこにも属さない文字が出てくる。その文字を並べてキーワードを完成させよう。

キーワード

3 右のパーツのなかで使用しないものが2つある。どのパーツ？

使わないのは
（　　　　　）
（　　　　　）

4 次の①～⑨にあてはまる語句を答えよう。　※**2**のパズル＆**3**のパーツから探そう！

① 北アメリカ大陸西部を北西から南東につらぬく山脈は？

　　　　　　　　　　　　　　　カタカナ4字　□□□□　山脈

② 北アメリカ東部の山脈は？

　　　　　　　　　　　　　　　カタカナ5字　□□□□□　山脈

③ 北アメリカ大陸の中西部，ロッキー山脈の東側に広がる台地状の大平原は？

　　　　　　　　　　　　　　　カタカナ9字　□□□□□□□□□

④ 北アメリカ大陸のミシシッピ川の西に広がる大草原は？

　　　　　　　　　　　　　　　カタカナ5字　□□□□□

⑤ ミシシッピ川流域の平原を何というの？

　　　　　　　　　　　　　　　漢字2字　□□　平原

⑥ アメリカ中部を北から南に流れる川は？

　　　　　　　　　　　　　　　カタカナ5字　□□□□□　川

⑦ アメリカとメキシコに囲まれた湾は？

　　　　　　　　　　　　　　　カタカナ4字　□□□□　湾

⑧ 自分の生まれた国を出てアメリカなど他国に移り住んだ人々を何というの？

　　　　　　　　　　　　　　　漢字2字　□□

⑨ メキシコ湾やカリブ海で発生し，アメリカ南部をおそう熱帯低気圧は？

　　　　　　　　　　　　　　　カタカナ5字　□□□□□

Answer 模範解答
「北アメリカ州の国々」キーワードパズル （全問正解で19点）

1 1点×7問 （1つ書き入れ，うすく塗るごとに1点）

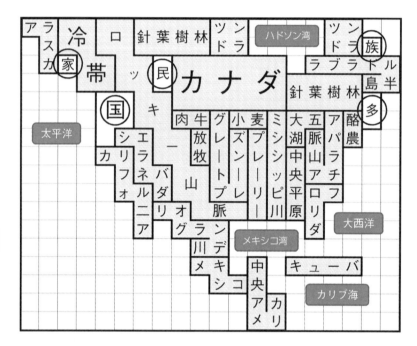

2 1点×1問

キーワード：多民族国家

3

使わないのは
（　移民　）
（ハリケーン）

1点×2問

4 1点×9問
① ロッキー（山脈）
② アパラチア（山脈）
③ グレートプレーンズ
④ プレーリー
⑤ 中央（平原）
⑥ ミシシッピ（川）
⑦ メキシコ（湾）
⑧ 移民
⑨ ハリケーン

評価基準

A評価
キーワードを含む15問以上の正解
※必ずキーワードが正解していること！

B評価
5問以上の正解

それ以外は **C評価**

Test 決めきる！定着テスト　　　（　）月（　）日

北アメリカ州の国々

（　）年（　）組（　）番・氏名（　　　　　　　）

＿＿評価

（2回目の評価ＡＢＣを記入）

A評価…7問以上の正解　B評価…2～6問の正解　C評価…それ以外

●【やまおり1】を折って1回目,【やまおり2】を折って2回目をやろう！

（やまおり2）　（やまおり1）

問 題 文	2回目	1回目 (1文字ヒントあり)	こたえ
① 北アメリカ大陸西部を北西から南東につらぬく山脈は？	山脈	ロ 山脈	ロッキー 山脈
② 北アメリカ東部の山脈は？	山脈	ア 山脈	アパラチア 山脈
③ 北アメリカ大陸の中西部，ロッキー山脈の東側に広がる台地状の大平原は？		グ	グレート プレーンズ
④ 北アメリカ大陸のミシシッピ川の西に広がる大草原は？		プ	プレーリー
⑤ ミシシッピ川流域の平原を何というの？	平原	中 平原	中央 平原
⑥ アメリカ中部を北から南に流れる川は？	川	ミ 川	ミシシッピ 川
⑦ アメリカとメキシコに囲まれた湾は？	湾	メ 湾	メキシコ 湾
⑧ 自分の生まれた国を出てアメリカなど他国に移り住んだ人々を何というの？		移	移　民
⑨ メキシコ湾やカリブ海で発生し，アメリカ南部をおそう熱帯低気圧は？		ハ	ハリケーン

Puzzle & Test

「基礎基本」定着面白パズル＆テスト

「北アメリカ州の産業」キーワードパズル

（　）月（　）日　（　）年（　）組（　）番・氏名（　　　　　　　　　　　）

1 右のブロックパズルには、**2**の①〜⑬の答えになる語句が隠れている。語句ごとに区切ってうすく塗っていくと、どこにも属さない文字が出てくるので、その文字を並べてキーワードを完成させよう。

※1〜21の数字のブロックは塗っちゃダメ

※語句はタテ書き・ヨコ書き、途中で曲がったり、逆さまに読むのもあるから気をつけて！

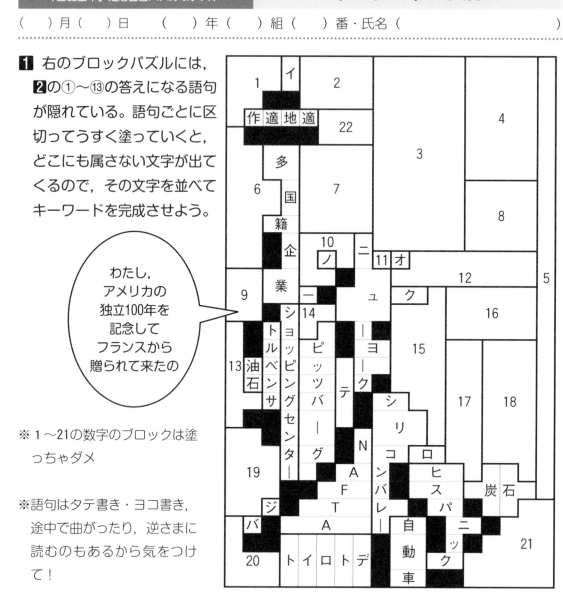

わたし、アメリカの独立100年を記念してフランスから贈られて来たの

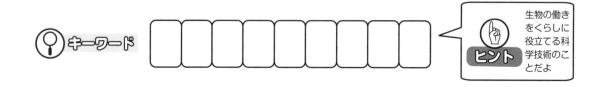

キーワード　□□□□□□□□

ヒント: 生物の働きをくらしに役立てる科学技術のことだよ

2 次の①〜⑬にあてはまる語句を答えよう。

① 世界各地に支社や工場をもって活動している企業は？　漢字5字

② アメリカで行われている，地域の環境に適した農作物を生産することを？　漢字4字

③ 情報技術産業が集まっているサンフランシスコの南の地域の呼び名は？　カタカナ7字

④ 北緯37度以南の，新しく工業が発達した地域は？　カタカナ5字

⑤ アパラチア山脈で産出がさかんな，燃料などになる鉱産資源は？　漢字2字

⑥ メキシコ湾沿岸で産出がさかんな，ガソリンなどの原料となる鉱産資源は？　漢字2字

⑦ 北米自由貿易協定のアルファベットの略称は？　アルファベット5字

⑧ アメリカで始まった大量生産方式でつくられる輸送用機械は？　漢字3字

⑨ アメリカに暮らす，メキシコなどから来たスペイン語を話す移民は？　カタカナ6字

⑩ 鉄鋼業の中心として栄えた都市は？　カタカナ6字

⑪ かつて自動車生産の中心として栄えた都市は？　カタカナ5字

⑫ 国際連合本部が置かれているアメリカで最も人口が多い都市は？　カタカナ6字

⑬ アメリカで発達した，広い駐車場がある大規模な商業施設は？　カタカナ10字

Answer 模範解答

「北アメリカ州の産業」キーワードパズル（全問正解で27点）

1 1点×13問
（1つ塗るごとに1点）

2 1点×13問

① 多国籍企業
② 適地適作
③ シリコンバレー
④ サンベルト
⑤ 石炭
⑥ 石油
⑦ NAFTA
⑧ 自動車
⑨ ヒスパニック
⑩ ピッツバーグ
⑪ デトロイト
⑫ ニューヨーク
⑬ ショッピングセンター

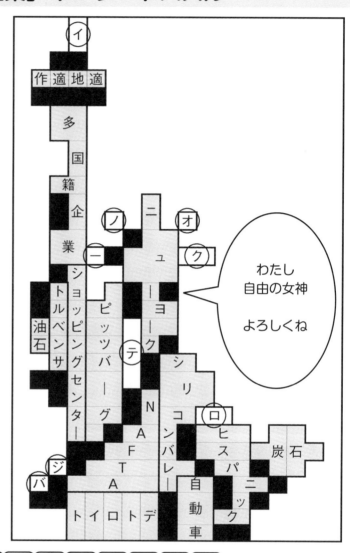

🔍 キーワード　バイオテクノロジー　1点×1問

評価基準

A評価
キーワードを含む21問以上の正解
※必ずキーワードが正解していること！

B評価
8問以上の正解

それ以外は
C評価

Test 決めきる！定着テスト　　（　）月（　）日

北アメリカ州の産業

（　）年（　）組（　）番・氏名（　　　　　　　）

____評価

A評価…10問以上の正解　B評価…3～9問の正解　C評価…それ以外

（2回目の評価ＡＢＣを記入）

●【やまおり1】を折って1回目，【やまおり2】を折って2回目をやろう！

問題文	2回目	1回目（1文字ヒントあり）	こたえ
① 世界各地に支社や工場をもって活動している企業は？		多	多国籍企業
② アメリカで行われている，地域の環境に適した農作物を生産することは？		適	適地適作
③ 情報技術産業が集まっているサンフランシスコの南の地域の呼び名は？		シ	シリコンバレー
④ 北緯37度以南の，新しく工業が発達した地域は？		サ	サンベルト
⑤ アパラチア山脈で産出がさかんな，燃料などになる鉱産資源は？		石	石炭
⑥ メキシコ湾沿岸で産出がさかんな，ガソリンなどの原料となる鉱産資源は？		石	石油
⑦ 北米自由貿易協定のアルファベットの略称は？		Ｎ	ＮＡＦＴＡ
⑧ アメリカで始まった大量生産方式でつくられる輸送用機械は？		自	自動車
⑨ アメリカに暮らす，メキシコなどから来たスペイン語を話す移民は？		ヒ	ヒスパニック
⑩ 鉄鋼業の中心として栄えた都市は？		ピ	ピッツバーグ
⑪ かつて自動車生産の中心として栄えた都市は？		デ	デトロイト
⑫ 国際連合本部が置かれているアメリカで最も人口が多い都市は？		ニ	ニューヨーク
⑬ アメリカで発達した，広い駐車場がある大規模な商業施設は？		シ	ショッピングセンター

47

Puzzle & Test

「基礎基本」定着面白パズル&テスト

「南アメリカ州の国々」キーワードパズル

( )月( )日 ( )年( )組 ( )番・氏名( )

1 次のブロックパズルには，**2**の①〜⑫の答えになる語句が隠れている。語句ごとに区切ってうすく塗っていくと，どこにも属さない文字が出てくるので，その文字を並べてキーワードを完成させよう。

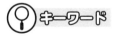

2 次の①〜⑫にあてはまる語句を答えよう。

① 南アメリカ大陸の西側にある太平洋に沿って連なる山脈は？

カタカナ4字＋漢字2字　☐☐☐☐☐☐

② 南アメリカにある世界最大の流域面積をほこる河川は？

カタカナ4字　☐☐☐☐ 川

③ 南アメリカ北部にある高地は？

カタカナ3字　☐☐☐ 高地

④ ウルグアイとアルゼンチンの間を流れる川は？

カタカナ4字＋漢字1字　☐☐☐☐☐

⑤ 南アメリカの先住民がアンデスに築き，16世紀に滅ぼされた帝国は？

カタカナ3字　☐☐☐ 帝国

⑥ ブラジルで生産がさかんな飲料に使用される商品作物は？

カタカナ4字　☐☐☐☐

⑦ ブラジルの公用語は？

カタカナ5字＋漢字1字　☐☐☐☐☐☐

⑧ ブラジル以外の多くの南アメリカの国が公用語としているのは？

カタカナ4字＋漢字1字　☐☐☐☐☐

⑨ パンパとよばれる大草原と寒冷なパタゴニアがある，小麦と畜産がさかんな国は？

カタカナ6字　☐☐☐☐☐☐

⑩ ブラジルでさかんに産出される鉱産資源は？

漢字3字　☐☐☐

⑪ 大都市の貧しい人々が密集してくらす居住地域は？

カタカナ3字　☐☐☐

⑫ 森林を伐採して焼き，灰を肥料とする農業を何というの？

漢字4字　☐☐☐☐

Answer 模範解答
「南アメリカ州の国々」キーワードパズル （全問正解で25点）

1 1点×12問 （1つ塗るごとに1点）

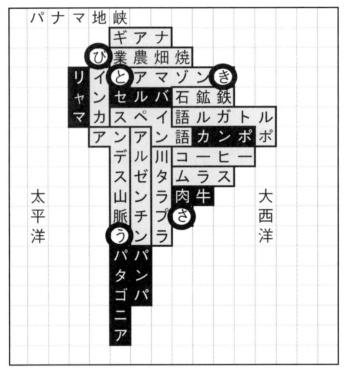

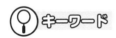 キーワード  1点×1問

2 1点×12問

① アンデス山脈　② アマゾン（川）
③ ギアナ（高地）　④ ラプラタ川
⑤ インカ（帝国）　⑥ コーヒー
⑦ ポルトガル語　⑧ スペイン語
⑨ アルゼンチン　⑩ 鉄鉱石
⑪ スラム　⑫ 焼畑農業

評価基準

A評価
キーワードを含む20問以上の正解
※必ずキーワードが正解していること！

B評価
7問以上の正解

それ以外は **C評価**

Test 決めきる！定着テスト　　　（　）月（　）日

南アメリカ州の国々

（　）年（　）組（　）番・氏名（　　　　　　）

＿＿＿評価

A評価…9問以上の正解　B評価…3～8問の正解　C評価…それ以外

（2回目の評価ABCを記入）

● 【やまおり1】を折って1回目，【やまおり2】を折って2回目をやろう！

問題文	2回目	1回目（1文字ヒントあり）	こたえ
① 南アメリカ大陸の西側にある太平洋に沿って連なる山脈は？	山脈	［ア］　山脈	アンデス山脈
② 南アメリカにある世界最大の流域面積をほこる河川は？	川	［ア］　川	アマゾン川
③ 南アメリカ北部にある高地は？	高地	［ギ］　高地	ギアナ高地
④ ウルグアイとアルゼンチンの間を流れる川は？	川	［ラ］　川	ラプラタ川
⑤ 南アメリカの先住民がアンデスに築き，16世紀に滅ぼされた帝国は？	帝国	［イ］　帝国	インカ帝国
⑥ ブラジルで生産がさかんな飲料に使用される商品作物は？		［コ］	コーヒー
⑦ ブラジルの公用語は？	語	［ポ］　語	ポルトガル語
⑧ ブラジル以外の多くの南アメリカの国が公用語としているのは？	語	［ス］　語	スペイン語
⑨ パンパとよばれる大草原と寒冷なパタゴニアがある，小麦と畜産がさかんな国は？		［ア］	アルゼンチン
⑩ ブラジルでさかんに産出される鉱産資源は？		［鉄］	鉄鉱石
⑪ 大都市の貧しい人々が密集してくらす居住地域は？		［ス］	スラム
⑫ 森林を伐採して焼き，灰を肥料とする農業を何というの？	農業	［焼］　農業	焼畑農業

Puzzle & Test
「基礎基本」定着面白パズル&テスト

「オセアニア州の国々」キーワードパズル

( )月( )日 ( )年( )組 ( )番・氏名( )

1 次のブロックパズルには，**4**の①〜⑨の答えになる語句が隠れている。語句ごとに区切ってうすく塗っていくと，どこにも属さない文字が出てくるので，その文字を並べてキーワードを完成させよう。

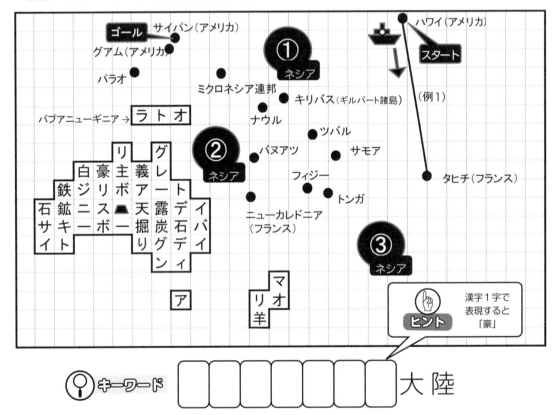

2 「ポリ＆ミクロ＆メラ」，上のブロックパズルの①〜③にあてはまる地域名を答えよう。

(①	ネシア）	…ナウル・パラオ・ミクロネシア連邦・グアム・サイパンなどを含む
(②	ネシア）	…パプアニューギニア・フィジー・バヌアツ・ニューカレドニアなどを含む
(③	ネシア）	…ニュージーランド・サモア・ツバル・トンガ・タヒチ・ハワイなどを含む

※キリバスは，ギルバート諸島がミクロネシアに，フェニックス諸島とライン諸島はポリネシアに属します。

3 ハワイからスタートする船旅。すべての ● を通ってゴールのサイパンに行くには？例1のように ● と ● とを線で結びながら，ハワイからサイパンまで進もう。

4 次の①〜⑨にあてはまる語句を答えよう。

① オーストラリアの先住民の人々は？

カタカナ5字

② オーストラリアで行われていた白人以外の移民を制限する政策は？

漢字4字

③ 鉱産資源を地面から直接けずり取っていく採掘方法は？

漢字3字＋ひらがな1字

④ オーストラリア東部で採掘される鉱産資源は？

漢字2字

⑤ オーストラリア北西部で採掘される鉱産資源は？

漢字3字

⑥ オーストラリア北部・西部で採掘される鉱産資源は？

ヒント アルミニウムの原料だよ

カタカナ6字

⑦ ニュージーランドの先住民の人々は？

カタカナ3字

⑧ オセアニアで飼育がさかんな毛用・肉用に利用される家畜は？

漢字1字

⑨ オーストラリアの東岸につらなる山脈は？

カタカナ12字　　　　　　　　　　　　　　　　　　　　　　山脈

Answer 模範解答
「オセアニア州の国々」キーワードパズル （全問正解で34点）

1 1点×9問 （1つ塗るごとに1点）

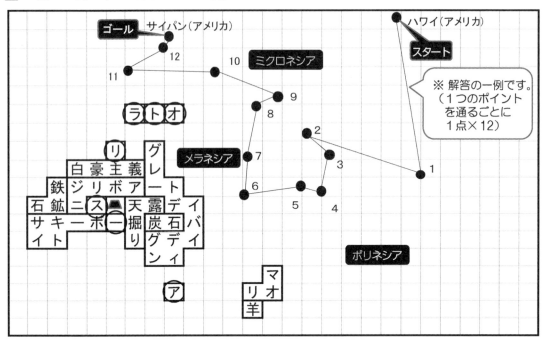

キーワード オーストラリア大陸

1点×1問

2 1点×3問
① ミクロ（ネシア）
② メラ（ネシア）
③ ポリ（ネシア）

3 1点×12問
1つ●を通る線をひくごとに1点（すべて通っていれば12点）

4 1点×9問
① アボリジニ　② 白豪主義　③ 露天掘り
④ 石炭　　　 ⑤ 鉄鉱石　　⑥ ボーキサイト
⑦ マオリ　　 ⑧ 羊
⑨ グレートディバイディング（山脈）

評価基準

A評価
キーワードを含む
27問以上の正解
※必ずキーワードが正解
していること！

B評価
10問以上の正解
それ以外は **C評価**

Test 決めきる！定着テスト ( )月( )日
オセアニア州の国々

( )年( )組( )番・氏名( )　　評価

A評価…7問以上の正解　B評価…2～6問の正解　C評価…それ以外
（2回目の評価ABCを記入）

● 【やまおり1】を折って1回目，【やまおり2】を折って2回目をやろう！

（やまおり2）　　（やまおり1）

問題文	2回目	1回目（1文字ヒントあり）	こたえ
① オーストラリアの先住民の人々は？		ア	アボリジニ
② オーストラリアで行われていた白人以外の移民を制限する政策は？	主義	白　　主義	白豪主義
③ 鉱産資源を地面から直接けずり取っていく採掘方法は？		露	露天掘り
④ オーストラリア東部で採掘される鉱産資源は？		石	石炭
⑤ オーストラリア北西部で採掘される鉱産資源は？		鉄	鉄鉱石
⑥ オーストラリア北部・西部で採掘される鉱産資源は？（アルミニウムの原料だよ）		ボ	ボーキサイト
⑦ ニュージーランドの先住民の人々は？		マ	マオリ
⑧ オセアニアで飼育がさかんな毛用・肉用に利用される家畜は？		ノーヒント	羊
⑨ オーストラリアの東岸につらなる山脈は？	山脈	グ　　山脈	グレートディバイディング山脈

世界のすがた｜世界各地の人々の生活と環境｜世界の諸地域｜日本の姿｜世界から見た日本の姿｜七つの地方

● 第2章｜日本のさまざまな地域　1｜日本の姿

Puzzle & Test
「基礎基本」定着面白パズル&テスト

「国家の領域」
パーツパズル

(　)月(　)日　(　)年(　)組(　)番・氏名(　　　　　　　　)

1 次のブロックパズルには，**2**の①～⑦の答えになる語句が隠れている。語句ごとに区切ってうすく塗ろう。

　また，下の**A～C**のパーツのうち，どれを使うと図が完成するかな？

下の**A～C**のうち，使うパーツは・・・ □

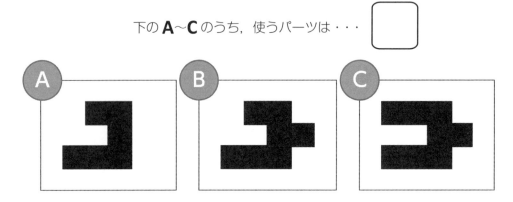

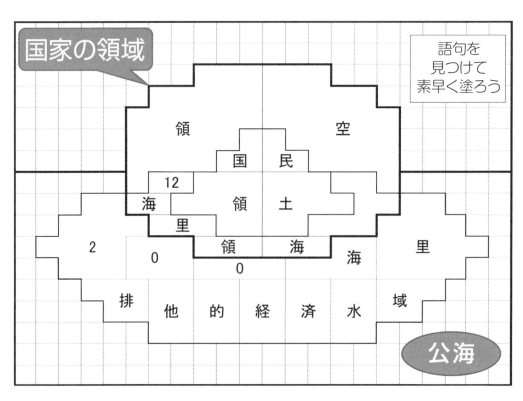

国家の領域

語句を見つけて素早く塗ろう

領　空
国　民
12海里　領　土
2　0　領　海　海　里
排　他　的　経　済　水　域

公海

2 次の①〜⑦にあてはまる語句を答えよう。

① 領域のうち，陸地の部分を何というの？　　　　　漢字2字　☐☐

② 領域のうち，海の部分を何というの？　　　　　　漢字2字　☐☐

③ 領域のうち，領土と領海の上空の部分を何というの？　漢字2字　☐☐

④ 沿岸国が資源を管理できる海岸線から約370km以内の水域は？（ただし領海は除く）

　　　　　　　　　　　　　　漢字7字　☐☐☐☐☐☐☐

⑤ ②は海岸線から何海里？

　　　　　数字2字を組み合わせた2ケタの数＋漢字2字　☐☐☐☐

⑥ ④は海岸線から何海里以内？

　　　　　数字3字を組み合わせた3ケタの数＋漢字2字　☐☐☐☐☐

⑦ 国家を構成する人間やその集団を何というの？　　漢字2字　☐☐

3 下の語句と説明文とのあいだの・と・を結んで，正しい組み合わせを完成させよう。

ヒント：一文字目の読み方を思い浮かべよう！

語句		説明文
沖ノ鳥島 ●	● え	日本の北端の島
北方領土 ●	● み	日本の東端の島
与那国島 ●	● お	日本の南端の島
竹島 ●	● よ	日本の西端の島
南鳥島 ●	● ほ	日本固有の領土だが，ロシアが不法占拠している領土
尖閣諸島 ●	● た	日本固有の領土だが，韓国が不法占拠している島
択捉島 ●	● せ	日本の領土だが，1970年代以降中国が領有を主張している島々

Answer 模範解答
「国家の領域」パーツパズル （全問正解で22点）

1 1点×8問 （1つ塗るごとに1点 ＋ 正しいパーツを選んで1点）

A〜Cのうち，使うパーツは・・・ **B**

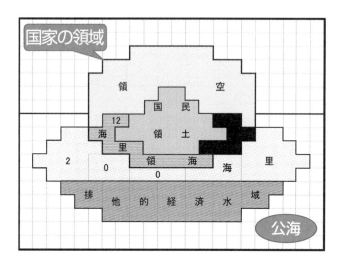

2 1点×7問
① 領土
② 領海
③ 領空
④ 排他的経済水域
⑤ 12海里
⑥ 200海里
⑦ 国民

3 1点×7問（・と・を結んで，正しい組み合わせをつくるごとに1点）

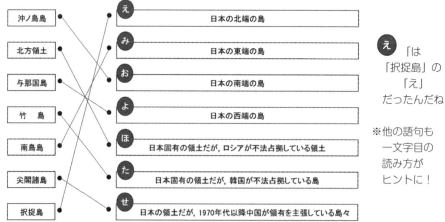

「え」は「択捉島」の「え」だったんだね

※他の語句も一文字目の読み方がヒントに！

評価基準

A評価 17問以上の正解　　**B評価** 6〜16問の正解　　それ以外は **C評価**

Test 決めきる！定着テスト

国家の領域

( )月( )日
( )年( )組( )番・氏名( )

___評価
（2回目の評価ＡＢＣを記入）

A評価…5問以上の正解　B評価…2〜4問の正解　C評価…それ以外

● 【やまおり１】を折って1回目，【やまおり２】を折って2回目をやろう！

（やまおり2）　（やまおり1）

問題文	2回目	1回目 (1文字ヒントあり)	こたえ
① 領域のうち，陸地の部分を何というの？		領	領土
② 領域のうち，海の部分を何というの？		領	領海
③ 領域のうち，領土と領海の上空の部分を何というの？		領	領空
④ 沿岸国が資源を管理できる海岸線から約370km以内の水域は？（ただし領海は除く）		排	排他的経済水域
⑤ ②は海岸線から何海里？		1	12海里
⑥ ④は海岸線から何海里以内？		2	200海里
⑦ 国家を構成する人間やその集団を何というの？		国	国民

2 | 世界から見た日本の姿

Puzzle & Test 「世界の造山帯・日本の地形」言葉探しパズル
「基礎基本」定着面白パズル＆テスト

（　）月（　）日　（　）年（　）組（　）番・氏名（　　　　　　　　　　　）

１ 次の①・②にあてはまる造山帯名を答えよう（分からない時は，先に**２**へ！）。

① ユーラシア大陸の南部を東西にはしる造山帯は？

漢字4字　□□□□造山帯

② 太平洋をとりまく造山帯は？

カタカナ4字 ＝ カタカナ4字　□□□□＝□□□□造山帯

２ 次のパズルには**１**の①・②にあてはまる造山帯名が隠れている。2つの造山帯名をたどって，スタートからゴールまでマス目を塗りながら進もう。

よ	ー	ろ	っ	ぱ	あ	し	ら	ー	ゆ	さ	だ	な	か
ぷ	す	＝	ひ	く	ご	う	ゅ	ち		あ	め	り	か
る	き		ま	ど	あ	じ	あ	よ		ぞ	う	ざ	
あ	る	ぷ	ら	や	ぞ	う		い	ど		ざ		
る	あ	ぬ		ど		ざ		へ	ん		ん	ら	あ
	ふ	＝				ん		い	た		た	て	ん
	り	ひ							ん		い	ん	
	か	ま				た	→	→	か				

──（太線）を越えてもいいよ。

→ゴール

３ 上のパズルには①・②の造山帯以外に8つの地名が隠れている。右の地名の中でパズルにないのはどれかな？

🔍 キーワード　パズルにないのは □□□

ヨーロッパ	カナダ	ユーラシア
アフリカ	アジア	ラテン
イラク	アメリカ	中国

上の9つの地名のうち，パズルにないのは？

4 次の問いに答えよう。

造山帯の近くで多く見られるのは何？
下の語群から2つ選んで答えよう。

漢字2字

漢字2字

5 例にしたがって，①〜③について，・と・を結んで正しい組み合わせを完成させよう。

| （例）砂浜海岸 | ① リアス海岸 | ② 扇状地 | ③ 三角州 |

| 山地が海に沈み，谷の部分に海水が流れ込んでできた複雑な地形。 | 一面が砂におおわれた海岸。砂丘が発達している所もある。 | 川が海に流れ出す所に土砂が積もってできた地形。 | 川が，山地から平地に出る所に土砂が積もってできた地形。 |

| 広島市 | 甲府盆地 | 三陸海岸 | 鳥取砂丘 |

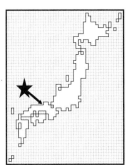 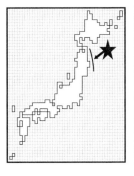 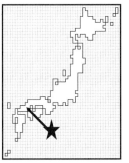 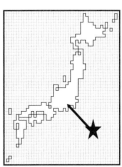

Answer 模範解答
「世界の造山帯・日本の地形」言葉探しパズル (全問正解で15点)

1 1点×2問　① 環太平洋　② アルプス＝ヒマラヤ

2 1点×1問（下の図のように塗れていれば1点）

3

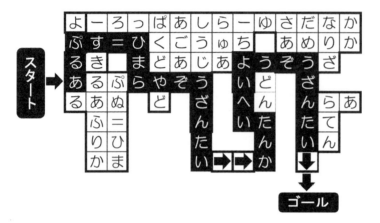

1点×1問

漢字メモ

4 1点×2問　　地震・火山

5 1点×9問（正しく線を結ぶごとに1点）

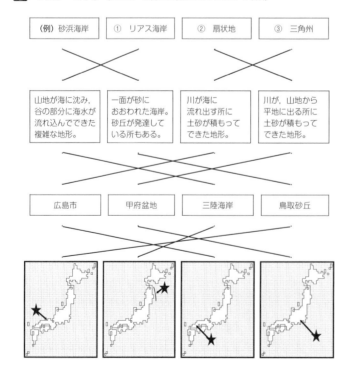

評価基準

A評価
キーワードを含む12問以上の正解
※必ずキーワードが正解していること！

B評価
4問以上の正解

それ以外は
C評価

Test 決めきる！定着テスト

世界の造山帯・日本の地形

( )月( )日
( )年( )組( )番・氏名( )

評価

A評価…6問以上の正解　B評価…2〜5問の正解　C評価…それ以外

●【やまおり1】を折って1回目，【やまおり2】を折って2回目をやろう！

問　題　文	2回目	1回目（1文字ヒントあり）	こたえ
① ユーラシア大陸の南部を東西にはしる造山帯は？		環　　造山帯	環太平洋造山帯
② 太平洋をとりまく造山帯は？		ア　　造山帯	アルプス＝ヒマラヤ造山帯
③ 造山帯の近くで多く見られるのは何？2つ答えよう。		地　　火	地　震　　火　山
④ 山地が海に沈み，谷の部分に海水が流れ込んでできた複雑な地形は？		リ	リアス海岸
⑤ 一面が砂におおわれた海岸を何というの？※砂丘が発達している所もあるよ。		砂	砂浜海岸
⑥ 川が海に流れ出す所に土砂が積もってできた地形は？		三	三角州
⑦ 川が，山地から平地に出る所に土砂が積もってできた地形は？		扇	扇状地

（2回目の評価ＡＢＣを記入）

Puzzle & Test
「基礎基本」定着面白パズル＆テスト

「世界の地形」キーワードパズル

( )月( )日　( )年( )組　( )番・氏名(　　　　　　　　　　)

1 次のブロックには，次のA～Eの語句と，**2**の答えのうち16の語句が隠れている。語句ごとに区切って塗りつぶしていくと，どこにも属さない文字が出てくるので，その文字を並べ替えてキーワードを完成させよう。

> まず，次のA～Eの語句を見つけて，うすく塗ろう
>
> A 「**北海**」＝ イギリス・オランダ・ノルウェーに囲まれた海
> B 「**ウラル**」＝ ユーラシア大陸をアジアとヨーロッパに分ける山脈
> C 「**アルプス**」＝ スイスを中心に東西に連なる険しい山脈
> D 「**シベリア**」＝ ウラル山脈の東
> E 「**アフリカ**」＝ 大陸名

っ	ほ	ら	い	ん	う	あ	り	べ	し	わ	ろ	ご	だ	い
か	あ	る	ぷ	す	ら	ち	こ	う	が		っ	み	し	こ
い	い	ゅ	ち		る	ょ	う	こ		た	き	っ	し	
か	う	ち	ち	べ	っ	と	う	い	い	ー	ぴ			
は	さ	な	ひ	ま	ら	や	い		へ		す			
ら	あ	い		が	う	な	ん		い		す	ま	あ	
	ふ	る		い	よ	し	ど		よ		で	ぞ		
	り	が		ん	ど				う		ん	ん		
	か	わ					だ	ん				あ		

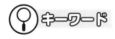 キーワード ☐☐☐☐☐

 2の①～⑰の答えのうち，このブロックにないのは？

※語句はタテ書き・ヨコ書き，途中で複雑に曲がったり，逆さまに読むのもあるよ！

2 次の①〜⑰にあてはまる語句を答えよう。

① 黄土を含んで黄色に濁る中国で2番目に長い川。　　漢字2字　□□

② パキスタンを通り，アラビア海に流れる川。　カタカナ4字　□□□□川

③ 中国の中央部を流れる川。長さは世界第3位。　漢字2字　□□（揚子江）

④ 中国とインドのあいだにある山脈。　カタカナ4字　□□□□山脈

⑤ 中国南西部の高原。　カタカナ4字　□□□□高原

⑥ 世界最大の海洋。（「大」では×，「太」で○）　漢字3字　□□□

⑦ 三大洋で最小。石油の輸送航路として重要。　カタカナ3字+漢字1字　□□□□

⑧ アジア・アフリカ・ヨーロッパに囲まれた海。　漢字3字　□□□

⑨ アルプスからスイス，フランス，ドイツ，オランダなどを通って，北海に流れ出る国際河川。ルール工業地帯を通る。　カタカナ3字　□□□川

⑩ アフリカ北部にある世界最大の砂漠。　カタカナ3字　□□□砂漠

⑪ 北アメリカ西部を南北に連なる山脈。　カタカナ4字　□□□□山脈

⑫ 南アメリカ西岸を南北に連なる山脈。　カタカナ4字　□□□□山脈

⑬ アメリカの中央平原を流れる川。　カタカナ5字　□□□□□川

⑭ 世界最大の流域面積を誇る南アメリカの川。　カタカナ4字　□□□□川

⑮ スペリオル湖・ヒューロン湖・エリー湖・オンタリオ湖・ミシガン湖の5つの湖。　漢字3字　□□□

⑯ 世界最長の川。アフリカ北東部を流れる。　カタカナ3字+漢字1字　□□□□

⑰ ミャンマー・タイ・ベトナム・ラオス・カンボジアがある半島。　カタカナ5字　□□□□□半島

Answer 模範解答
「世界の地形」キーワードパズル （全問正解で39点）

1 1点×21問（1つ塗るごとに1点）

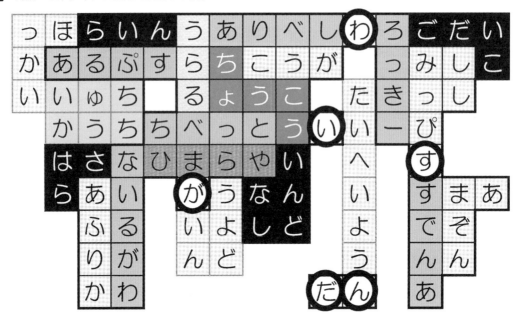

 キーワード  1点×1問

2 1点×17問

① 黄河
② インダス（川）
③ 長江
④ ヒマラヤ（山脈）
⑤ チベット（高原）
⑥ 太平洋
⑦ インド洋
⑧ 地中海
⑨ ライン（川）
⑩ サハラ（砂漠）
⑪ ロッキー（山脈）
⑫ アンデス（山脈）
⑬ ミシシッピ（川）
⑭ アマゾン（川）
⑮ 五大湖
⑯ ナイル川
⑰ インドシナ（半島）

評価基準

A評価
キーワードを含む
31問以上の正解
※必ずキーワードが正解
していること！

B評価
11問以上の正解

それ以外は **C評価**

Test 決めきる！定着テスト　　　　　　　　（　）月（　）日

世界の地形

（　）年（　）組（　）番・氏名（　　　　　　　）

___評価

（2回目の評価ＡＢＣを記入）

A評価…13問以上の正解　　B評価…5〜12問の正解　　C評価…それ以外

●【やまおり1】を折って1回目，【やまおり2】を折って2回目をやろう！

（やまおり2）　　　（やまおり1）

問題文	2回目	1回目 (1文字ヒントあり)	こたえ
① 黄土を含む中国で2番目に長い川。		黄	黄河
② パキスタンを通り，アラビア海に流れる川。	川	イ　　　川	インダス川
③ 中国の中央部を流れる川。		長	長江
④ 中国とインドのあいだにある山脈。	山脈	ヒ　　　山脈	ヒマラヤ山脈
⑤ 中国南西部の高原。	高原	チ　　　高原	チベット高原
⑥ 世界最大の海洋。（「大」では×，「太」で○）		太	太平洋
⑦ 三大洋で最小。石油の輸送航路として重要。		イ	インド洋
⑧ アジア・アフリカ・ヨーロッパに囲まれた海。		地	地中海
⑨ アルプスからフランス，ドイツなどを通り北海に流れ出る国際河川。	川	ラ　　　川	ライン川
⑩ アフリカ北部にある砂漠。（世界最大の砂漠）	砂漠	サ　　　砂漠	サハラ砂漠
⑪ 北アメリカ西部を南北に連なる山脈。	山脈	ロ　　　山脈	ロッキー山脈
⑫ 南アメリカ西岸を南北に連なる山脈。	山脈	ア　　　山脈	アンデス山脈
⑬ アメリカの中央平原を流れる川。	川	ミ　　　川	ミシシッピ川
⑭ 世界最大の流域面積を誇る川。（南アメリカの川）	川	ア　　　川	アマゾン川
⑮ スペリオル・ヒューロン・エリー・オンタリオ・ミシガンの5つの湖。		五	五大湖
⑯ 世界最長の川。（アフリカ北東部を流れる川）	川	ナ　　　川	ナイル川
⑰ ミャンマー・タイ・ベトナム・ラオス・カンボジアがある半島。	半島	イ　　　半島	インドシナ半島

Puzzle & Test

「基礎基本」定着面白パズル&テスト

「日本の地形」キーワードパズル

( )月( )日　( )年( )組( )番・氏名(　　　　　　　)

1 次のブロックには，次のA〜Eの語句と，**2**の解答にある語句とが隠れている。語句ごとに区切って塗りつぶしていくと，どこにも属さない文字が出てくる。その文字を並べ替えてキーワードを完成させよう。

まず，次のA〜Eの語句を見つけて，うすく塗ろう

- A 「三陸」＝ 海岸名。青森・秋田・岩手にまたがるリアス海岸。
- B 「奥羽」＝ 山脈名。読み方は「おうう」。
- C 「紀伊」＝ 山地名。近畿地方南部。日本有数の林業地帯。
- D 「四国」＝ 山地名。東西に連なる山地。
- E 「中国」＝ 山地名。東西に連なる山地。

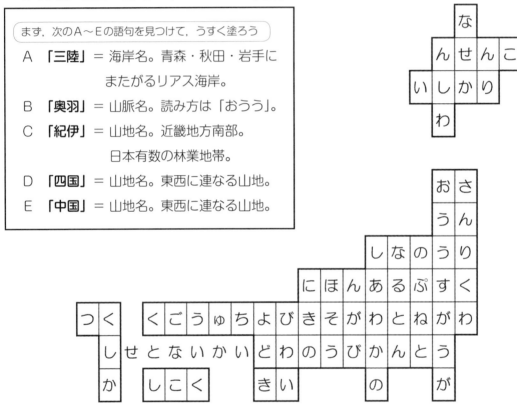

キーワード

世界とくらべると日本は「キュウ」だね（キーワードの3文字目は「の」だよ）。

2 次の①〜⑫にあてはまる語句を答えよう。

① 稲作がさかんな北海道最大の平野は？　　　漢字2字　□□平野

② 関東の大部分を占める日本最大の平野は？　漢字2字　□□平野

③ 木曽川，長良川，揖斐川が流れる平野は？　漢字2字　□□平野

④ 筑後川流域の九州最大の平野は？　　　　　漢字2字　□□平野

⑤ 北海道東部に広がる火山灰の台地は？　　　漢字2字　□□台地

⑥ 日本で最も長い川は？　　　　　　　　　　漢字2字　□□川

⑦ 流域面積は日本最大。日本で2番目に長い川は？　漢字3字　□□□

⑧ 木曽山脈を源に伊勢湾にそそぐ東海地方第一の川は？　漢字3字　□□□

⑨ 大阪平野を流れ，大阪湾にそそぐ川は？　　漢字1字　□川

⑩ 日本最大の湖は？　　　　　　　　　　　　漢字2字　□□湖

⑪ 本州・四国・九州に囲まれた海は？　　　　漢字4字　□□□□

⑫ 飛彈・木曽・赤石の3つの山脈。日本の屋根といえば？
　　　　　　　　　　　　漢字2字＋カタカナ4字　□□□□□□

ヒントキャンディー盛り合わせ
①〜⑫の一文字目だけ集めました

Answer 模範解答
「日本の地形」キーワードパズル （全問正解で30点）

1 1点×17問（1つ塗るごとに1点）

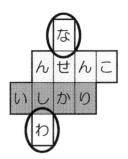

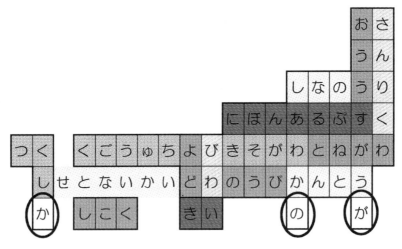

 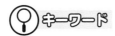 世界とくらべると日本は「急」だね。

 1点×1問

2 1点×12問

① 石狩（平野）
② 関東（平野）
③ 濃尾（平野）
④ 筑紫（平野）
⑤ 根釧（台地）
⑥ 信濃（川）
⑦ 利根川
⑧ 木曽川
⑨ 淀（川）
⑩ 琵琶（湖）
⑪ 瀬戸内海
⑫ 日本アルプス

評価基準

A評価
キーワードを含む24問以上の正解
※必ずキーワードが正解していること！
それ以外は **C評価**

B評価
9問以上の正解

Test 決めきる！定着テスト　　　（　）月（　）日

日本の地形

（　）年（　）組（　）番・氏名（　　　　　　　）　　評価

A評価…9問以上の正解　B評価…3～8問の正解　C評価…それ以外

（2回目の評価ＡＢＣを記入）

● 【やまおり1】を折って1回目，【やまおり2】を折って2回目をやろう！

（やまおり2）　（やまおり1）

問題文	2回目	1回目(1文字ヒントあり)	こたえ
① 稲作がさかんな北海道最大の平野は？	平野	石　　　平野	石　狩　平野
② 関東の大部分を占める日本最大の平野は？	平野	関　　　平野	関　東　平野
③ 木曽川，長良川，揖斐川が流れる平野は？	平野	濃　　　平野	濃　尾　平野
④ 筑後川流域の九州最大の平野は？	平野	筑　　　平野	筑　紫　平野
⑤ 北海道東部に広がる火山灰の台地は？	台地	根　　　台地	根　釧　台地
⑥ 日本で最も長い川は？	川	信　　　川	信　濃　川
⑦ 流域面積は日本最大。日本で2番目に長い川は？	川	利　　　川	利　根　川
⑧ 木曽山脈を源に伊勢湾にそそぐ東海地方第一の川は？	川	木　　　川	木　曽　川
⑨ 大阪平野を流れ，大阪湾にそそぐ川は？	川	ノーヒント　川	淀　　　川
⑩ 日本最大の湖は？	湖	琵　　　湖	琵　琶　湖
⑪ 本州・四国・九州に囲まれた海は？		瀬	瀬戸内海
⑫ 飛騨・木曽・赤石の3つの山脈。日本の屋根といえば？		日	日本アルプス

71

Puzzle & Test 「地形図の約束Ⅰ」方位パズル

「基礎基本」定着面白パズル&テスト

( )月( )日 ( )年( )組( )番・氏名( )

1 下の❶〜❸にあてはまる方位を書き入れよう。

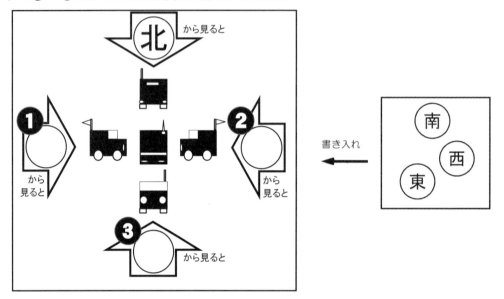

2 例「北北東」のように，空欄に方位を書き入れよう。

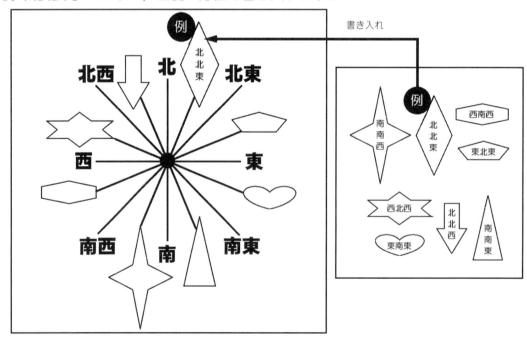

3 次の図をみて,「『ぼく』の『ぼくんち』までの帰り道」の空欄①〜⑨にあてはまる語句を答えよう。困ったときは,「ヒント」を活用しよう！

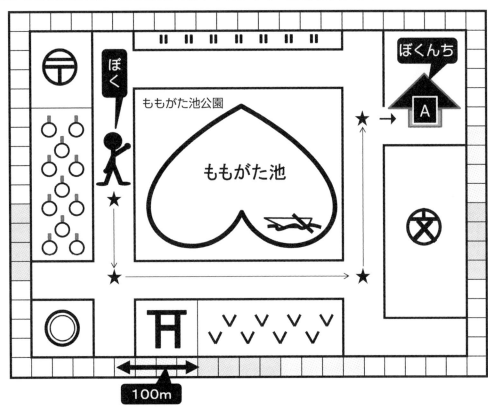

「ぼく」の「ぼくんち」までの帰り道

　「ぼく」は,郵便局からの帰り道,道路の西側にある（①　　　　）を見ながら,100mほど（②　　　　）の方位へ歩きました。交差点の南西には（③　　　　）があり,南東には（④　　　　）があります。④の東側には,（⑤　　　　）がひろがっています。
　そこから,東へ（⑥　　　　）mほど歩くと,つきあたりに高等学校があります。高等学校と「ももがた池」のあいだの道路を（⑦　　　　）mほど（⑧　　　　）の方位へ歩くと,三角屋根の家「A」があります。それが,「ぼくんち」です。
　あっ,今さらだけど……。そっちじゃなくて,郵便局から「ももがた池」と（⑨　　　　）のあいだの道路を東へ行ったほうが近かったんだ！

　北　南　市役所　神社　田　果樹園　畑　300　200

Answer 模範解答
「地形図の約束Ⅰ」方位パズル （全問正解で19点）

1 1点×3問

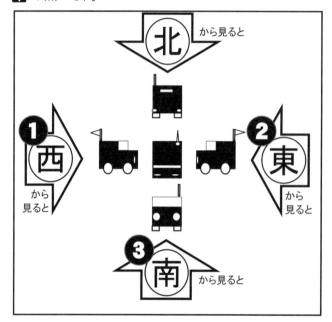

3 1点×9問

① 果樹園
② 南
③ 市役所
④ 神社
⑤ 畑
⑥ 300
⑦ 200
⑧ 北
⑨ 田

2 1点×7問

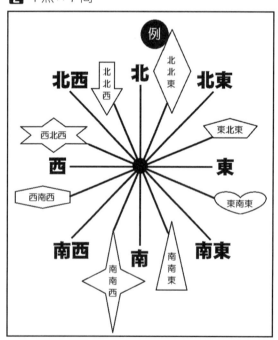

評価基準

A評価
15問以上の正解

B評価
5～14問の正解

それ以外は
C評価

Test 決めきる！定着テスト　　　（　）月（　）日

地形図の約束 I

（　）年（　）組（　）番・氏名（　　　　　　　）

____ 評価

（2回目の評価 ＡＢＣを記入）

A評価…11問以上の正解　B評価…4～10問の正解　C評価…それ以外

● 【やまおり1】を折って1回目，【やまおり2】を折って2回目をやろう！

問題文		2回目 (やまおり2)	1回目 (1文字ヒントあり) (やまおり1)	こたえ
① 北と北東のあいだの方位は？			北	北北東
② 北と北西のあいだの方位は？			北	北北西
③ 西と北西のあいだの方位は？			西	西北西
④ 東と北東のあいだの方位は？			東	東北東
⑤ 南と南東のあいだの方位は？			南	南南東
⑥ 南と南西のあいだの方位は？			南	南南西
⑦ 西と南西のあいだの方位は？			西	西南西
⑧ 東と南東のあいだの方位は？			東	東南東
⑨ 右の地図記号は？	⊗		高	高等学校
⑩ 右の地図記号は？	H		神	神社
⑪ 右の地図記号は？	◎		市	市役所
⑫ 右の地図記号は？	╹╹ ╹╹		ノーヒント	田
⑬ 右の地図記号は？	∨ ∨ ∨		ノーヒント	畑
⑭ 右の地図記号は？	○○○○		果	果樹園

世界のすがた｜世界各地の人々の生活と環境｜世界の諸地域｜日本の姿｜**世界から見た日本の姿**｜七つの地方

Puzzle & Test
「基礎基本」定着面白パズル＆テスト

「地形図の約束Ⅱ」縮尺パズル

（　）月（　）日　　（　）年（　）組（　）番・氏名（　　　　　　　　　）

1 下の❶の「？」の家は，❷の中では，どの家かな？ A～Dの記号で答えよう。

❶ 縮尺の大きい地図　　　　　　　❷ 縮尺の小さい地図

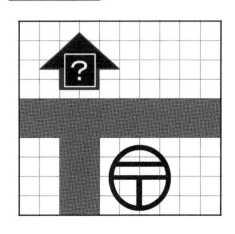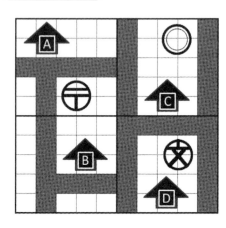

❶の「？」の家は，❷の中では（　　　）の家だ。

2 下の「パーツ」を上の「表」にあてはめ，（　　）にあてはまる語句や数字を書こう。

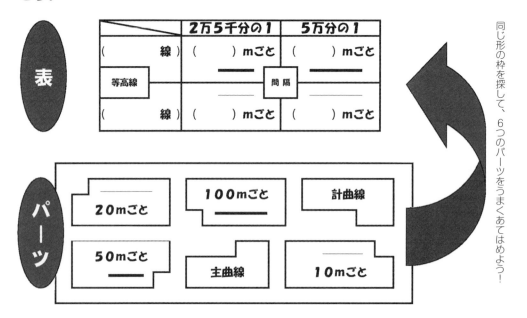

同じ形の枠を探して、6つのパーツをうまくあてはめよう！

3 例に続けて，下の地形図の断面図をかこう！

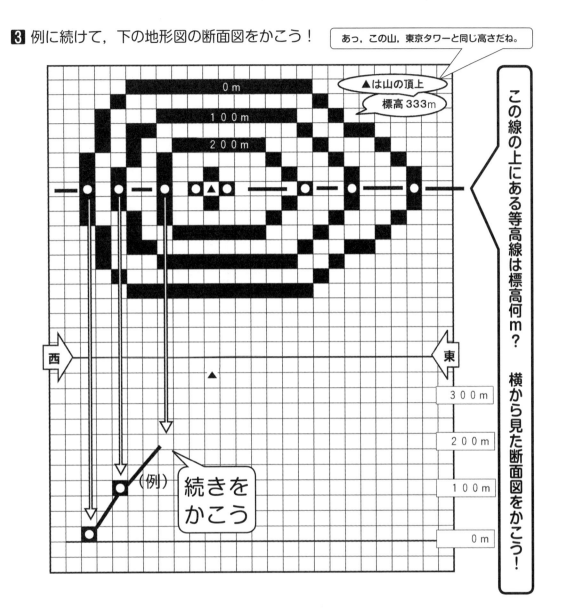

あっ，この山，東京タワーと同じ高さだね。

▲は山の頂上
標高333m

この線の上にある等高線は標高何m？ 横から見た断面図をかこう！

4 下の文の①〜④にあてはまる語句を書こう。※ヒントの語句を活用しよう！

等高線の間隔が広いほど傾斜は（①　　　　）になる。逆に等高線の間隔がせまいと傾斜は（②　　　　）になる。上の**3**の図の場合，（③　　　　）から登った方が傾斜はゆるやかだが，（④　　　　）から登ると傾斜が急だ。

ヒント： 東　西　急　ゆるやか

Answer 模範解答
「地形図の約束Ⅱ」縮尺パズル （全問正解で12点）

1 1点×1問

❶の「?」の家は，❷の中では（　A　）の家だ。

2 1点×6問

	2万5千分の1	5万分の1
計曲線	50mごと	100mごと
等高線 間隔		
主曲線	10mごと	20mごと

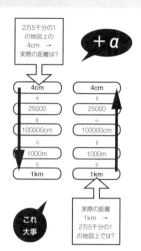

+α

これ大事

3 1点×1問

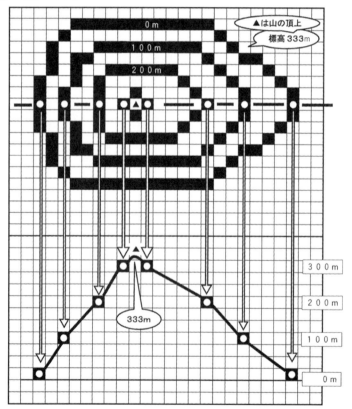

4 1点×4問

① ゆるやか

② 急

③ 東

④ 西

評価基準

A評価
9問以上の正解

B評価
3問～8問の正解

それ以外は
C評価

Test 決めきる！定着テスト　　　　　　　　（　）月（　）日

地形図の約束 Ⅱ

（　）年（　）組（　）番・氏名（　　　　　）

___評価

（2回目の評価ABCを記入）

A評価…5問以上の正解　B評価…2〜4問の正解　C評価…それ以外

● 【やまおり1】を折って1回目，【やまおり2】を折って2回目をやろう！

（やまおり2）　　（やまおり1）

問題文	2回目	1回目（1文字ヒントあり）	こたえ
① 国土地理院が発行している，土地の起伏，建物の位置や土地利用，交通路などの情報を表した地図を何というの？		地	地形図
② 実際の距離を地図上に縮めた割合のことを何というの？ 例：2万5000分の1 　　1：25,000		縮	縮尺
③ ある地点からみた方角のことを何というの？ 例：上が北で，下は南。 　　右が東で，左は西。		方	方位
④ 標高が同じ地点を結んだ線を何というの？ 例：間隔がせまいと傾斜が急。 　　逆に広ければゆるやか。		等	等高線
⑤ 等高線のうち，太い実線で表される線は？ 例：2万5千分の1の地形図では50mごと。		計	計曲線
⑥ 等高線のうち，細い実線で表される線は？ 例：2万5千分の1の地形図では10mごと。		主	主曲線
⑦ ある地形を垂直に切ったとする。その断面を表した図を何というの？ ※山の形などがよくわかるよ！		断	断面図

Puzzle & Test
「基礎基本」定着面白パズル＆テスト

「日本の気候」ブロックパズル

（　）月（　）日　　（　）年（　）組（　）番・氏名（　　　　　　　　　）

1 例のように，右下の雨温図（気温・降水量のグラフ）のA〜Fを 記号 の空欄にあてはめよう。また，「北」「日」「太」「中」「南」のブロックを色分けしよう。

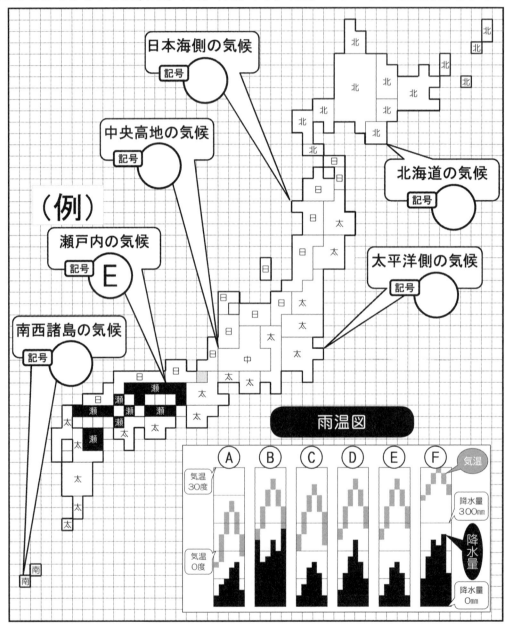

2 例の「北海道の気候」と「冬の寒さが特に厳しい」のように，左の「日本の気候区分」と右の「気候の特色」を線で結ぼう。

日本の気候区分　　　　　　　　　気候の特色

例
北海道 の 気候　————　冬の寒さが特に厳しい

日本海側 の 気候　・　　　・　冬は晴天，夏の降水量が多い

中央高地 の 気候　・　　　・　冬は温暖，一年通して降水量が多い

太平洋側 の 気候　・　　　・　冬と夏の気温差が大きい

瀬戸内 の 気候　・　　　・　冬に雪が多い

南西諸島 の 気候　・　　　・　一年通して降水量が少なく，温暖

Answer 模範解答
「日本の気候」ブロックパズル （全問正解で15点）

1 1点×10問 （1つ記号を書くごとに1点×5問）
（「北」など1種類塗るごとに1点×5種類）

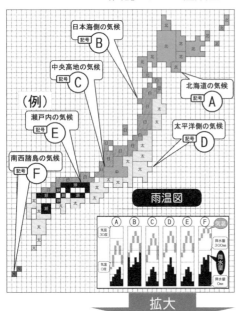

2 1点×5問
（正しい組み合わせをつくるごとに1点×5問）

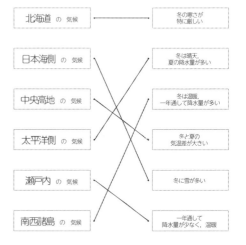

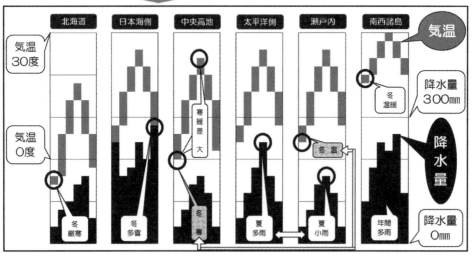

評価基準

| A評価 | 12問以上の正解 | B評価 | 4〜11問の正解 | それ以外は C評価 |

Test 決めきる！定着テスト （ ）月（ ）日

日本の気候

（ ）年（ ）組（ ）番・氏名（ ）

___評価

（2回目の評価ＡＢＣを記入）

A評価…4問以上の正解　B評価…2〜3問の正解　C評価…それ以外

● 【やまおり1】を折って1回目，【やまおり2】を折って2回目をやろう！

（やまおり2）　　（やまおり1）

問　題　文	2回目	1回目(1文字ヒントあり)	こたえ
① 冬の寒さが特に厳しい日本の気候区は？	の気候区	北　　　の気候区	北海道　　の気候区
② 冬に雪が多い日本の気候区は？	の気候区	日　　　の気候区	日本海側　の気候区
③ 冬と夏の気温差が大きい日本の気候区は？	の気候区	中　　　の気候区	中央高地　の気候区
④ 冬は晴天，夏の降水量が多い日本の気候区は？	の気候区	太　　　の気候区	太平洋側　の気候区
⑤ 一年通して降水量が少なく温暖な日本の気候区は？	の気候区	瀬　　　の気候区	瀬戸内　　の気候区
⑥ 冬も温暖で，一年通して降水量が多い日本の気候区は？	の気候区	南　　　の気候区	南西諸島　の気候区

Puzzle & Test

「基礎基本」定着面白パズル&テスト

「人口の変化」つなげるパズル

( )月( )日　( )年( )組( )番・氏名(　　　　　　　)

■1 例のように，点と点（● と ●）を線（——）で結び，正しい組み合わせをつくろう。

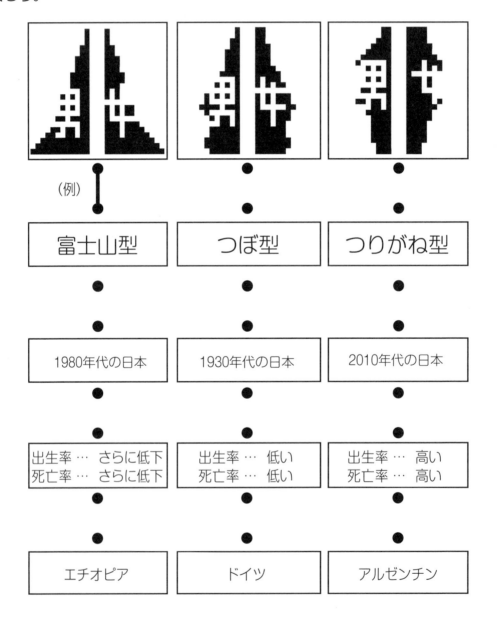

2 右下のパズルには，**3**の答えになる語句が隠れている。語句ごとに区切って塗ろう。

3 次の①～⑧にあてはまる語句を答えよう。

① 「人口÷面積」で計算する，1km²あたりの人口を何というの？
　　　漢字4字　□□□□

② アジア州などでおこっている，急激な人口増加を何というの？
　　　漢字4字　□□□□

③ 年齢別・男女別に人口の構成を示した，**1**のようなグラフを何というの？
　　　漢字2字＋カタカナ4字　□□□□□□

④ 人口に占める高齢者の割合が増えることを何というの？
　　　漢字3字　□□□

⑤ 生まれる子どもの数が減ることを何というの？
　　　漢字3字　□□□

⑥ 人口が集中している，東京・大阪・名古屋を中心とする3つの都市圏をまとめて何というの？
　　　漢字5字　□□□□□

⑦ 人口が過度に増えすぎる現象を何というの？
　　　漢字2字　□□

⑧ 人口が過度に減りすぎる現象を何というの？
　　　漢字2字　□□

パズル内の文字：
```
        化
        子
高 疎 過 口 過 密 少
齢    ピ
化    ラ
      ミ
      ッ
   度 ド 発
   密   爆
   口   口
   人   人
   三 大 都 市 圏
```

Answer 模範解答
「人口の変化」つなげるパズル　（全問正解で27点）

1 1点×11問
（正しい組み合わせをつくり，線で結ぶごとに1点）

2 1点×8問
（1つ塗るごとに1点）

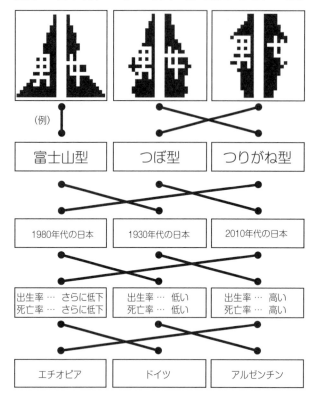

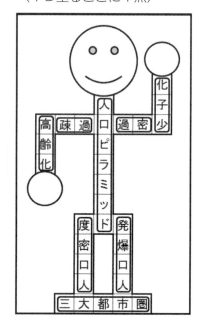

漢字メモ　　読み方を確認

しゅっしょうりつ
出生率
ある期間に生まれた子どもの数の
総人口に対する割合

3 1点×8問
① 人口密度　　② 人口爆発
③ 人口ピラミッド　　④ 高齢化
⑤ 少子化　　⑥ 三大都市圏
⑦ 過密　　⑧ 過疎

評価基準

| **A評価** 21問以上の正解 | **B評価** 8〜20問の正解 | それ以外は **C評価** |

Test 決めきる！定着テスト　　　（　）月（　）日

人口の変化

（　）年（　）組（　）番・氏名（　　　　　　）

＿＿評価

（2回目の評価ＡＢＣを記入）

A評価…6問以上の正解　B評価…2〜5問の正解　C評価…それ以外

● 【やまおり1】を折って1回目，【やまおり2】を折って2回目をやろう！

（やまおり2）　（やまおり1）

問題文	2回目	1回目 (1文字ヒントあり)	こたえ
① 「人口÷面積」で計算する，1㎢あたりの人口を何というの？		人	人口密度
② アジア州などでおこっている，急激な人口増加を何というの？		人	人口爆発
③ 年齢別・男女別に人口の構成を示した右のようなグラフを何というの？ 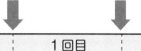		人	人口ピラミッド
④ 人口に占める高齢者の割合が増えることを何というの？		高	高齢化
⑤ 生まれる子どもの数が減ることを何というの？		少	少子化
⑥ 人口が集中している，東京・大阪・名古屋を中心とする3つの都市圏をまとめて何というの？		三	三大都市圏
⑦ 人口が過度に増えすぎる現象を何というの？		過	過密
⑧ 人口が過度に減りすぎる現象を何というの？		過	過疎

Puzzle & Test

「基礎基本」定着面白パズル＆テスト

「資源・エネルギー」キーワードパズル

（　）月（　）日　（　）年（　）組（　）番・氏名（　　　　　　　　）

1 次のパズルには，**2**の①〜⑨の答えになる語句が隠れている。語句ごとに区切ってうすく塗っていくと，どこにも属さない文字が出てくるので，その文字を並べてキーワードを完成させよう。

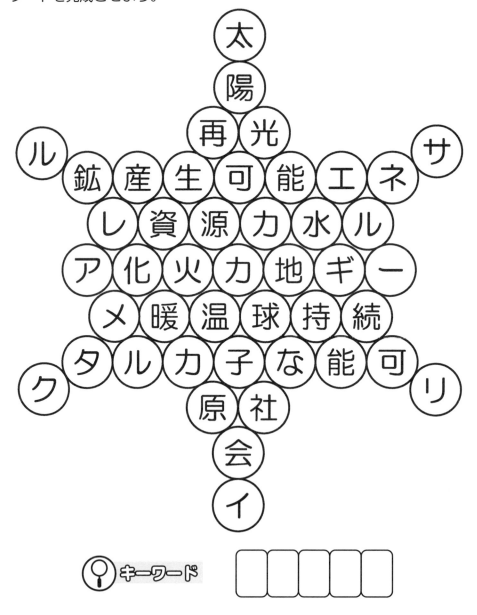

🔍 キーワード ☐☐☐☐☐

2 次の①〜⑨にあてはまる語句を答えよう。

① 石炭・鉄鉱石などの鉱物を何というの？
　　　　　　　　　　　漢字4字　☐☐☐☐

② 二酸化炭素が原因とされる地球の気温が上昇する現象は？
　　　　　　　　　　　漢字5字　☐☐☐☐☐

③ 風力や地熱など，くり返し利用できるエネルギーは？
　　　　　　　漢字4字＋カタカナ5字　☐☐☐☐☐☐☐☐☐

④ 環境や資源に配慮し，将来世代のことも考えた開発が行われている社会を何というの？
　　　　　漢字4字＋ひらがな1字＋漢字2字　☐☐☐☐☐☐☐

⑤ ダムをつくり，水の力を利用する発電は？
　　　　　　　　　　　漢字2字　☐☐発電

⑥ 石油や石炭，天然ガスなどを燃料とする発電は？
　　　　　　　　　　　漢字2字　☐☐発電

⑦ ウランを燃料とする発電は？
　　　　　　　　　　　漢字3字　☐☐☐発電

⑧ 太陽の光エネルギーを利用する発電は？
　　　　　　　　　　　漢字3字　☐☐☐発電

⑨ 世界的に生産量が少ない金属は？
　　　　　　　　　カタカナ5字　☐☐☐☐☐

3「火力発電」のように，・と・を結んで正しい組み合わせを完成させよう。

発電方式	特徴	短所
火力発電	水量が豊富な日本に合う	二酸化炭素を大量に排出
水力発電	一般家庭にも設置が可能	ダム建設時に自然破壊
太陽光発電	二酸化炭素の排出量が少ない	天候により発電量が左右
原子力発電	高い出力・安定した発電	事故が起きると被害甚大

火力発電 — 高い出力・安定した発電 — 二酸化炭素を大量に排出

Answer 模範解答
「資源・エネルギー」キーワードパズル （全問正解で25点）

1 1点×9問 （1つ塗るごとに1点）

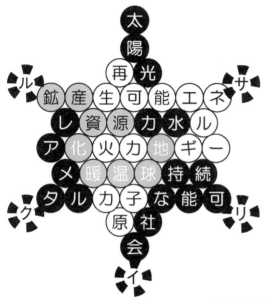

2 1点×9問
① 鉱産資源
② 地球温暖化
③ 再生可能エネルギー
④ 持続可能な社会
⑤ 水力（発電）
⑥ 火力（発電）
⑦ 原子力（発電）
⑧ 太陽光（発電）
⑨ レアメタル

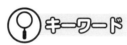 キーワード　リサイクル　　1点×1問

3 1点×6問 （正しく「・」を結ぶごとに1点）

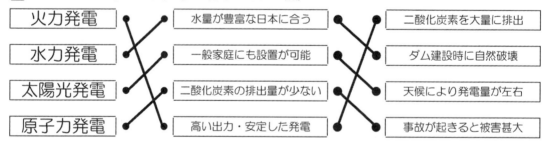

火力発電	二酸化炭素を大量に排出
水力発電	水量が豊富な日本に合う／ダム建設時に自然破壊
太陽光発電	一般家庭にも設置が可能／二酸化炭素の排出量が少ない／天候により発電量が左右
原子力発電	高い出力・安定した発電／事故が起きると被害甚大

評価基準

A評価
キーワードを含む
20問以上の正解
※必ずキーワードが正解していること！

B評価
7問以上の正解

それ以外は **C評価**

Test 決めきる！定着テスト　　　（　）月（　）日

資源・エネルギー

（　）年（　）組（　）番・氏名（　　　　　　　）

＿＿評価

（2回目の評価ＡＢＣを記入）

A評価…7問以上の正解　　B評価…2〜6問の正解　　C評価…それ以外

● 【やまおり1】を折って1回目，【やまおり2】を折って2回目をやろう！

問　題　文	2回目	1回目（1文字ヒントあり）	こたえ
① 石炭・鉄鉱石などの鉱物を何というの？		鉱	鉱産資源
② 二酸化炭素が原因とされる地球の気温が上昇する現象は？		地	地球温暖化
③ 風力や地熱など，くり返し利用できるエネルギーは？		再	再生可能エネルギー
④ 環境や資源に配慮し，将来世代のことも考えた開発が行われている社会は？	な社会	持　　　　　　な社会	持続可能な社会
⑤ ダムをつくり，水の力を利用する発電は？	発電	水　　　　　　発電	水力発電
⑥ 石油や石炭，天然ガスなどを燃料とする発電は？	発電	火　　　　　　発電	火力発電
⑦ ウランを燃料とする発電は？	発電	原　　　　　　発電	原子力発電
⑧ 太陽の光エネルギーを利用する発電は？	発電	太　　　　　　発電	太陽光発電
⑨ 世界的に生産量が少ない金属は？		レ	レアメタル

Puzzle & Test
「基礎基本」定着面白パズル＆テスト

「日本の農業」結びつけパズル

( )月( )日　( )年( )組( )番・氏名(　　　　　　　　　)

1 例の「長野」と「レタス」のように，農水産物と生産がさかんな都道府県（地域）の●と○を線で結ぼう！

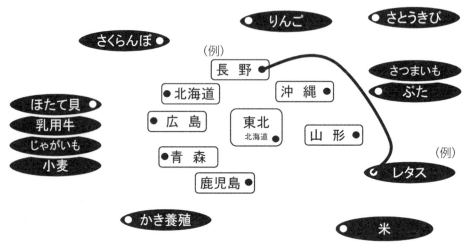

2 右下のパズルには下のブロックの文字が隠れている。語句ごとに区切ってうすく塗っていくと最後に2文字が残る。その文字を並べてキーワードを完成させよう。

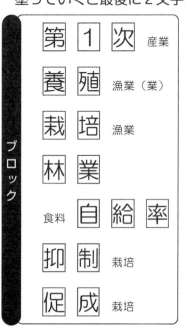

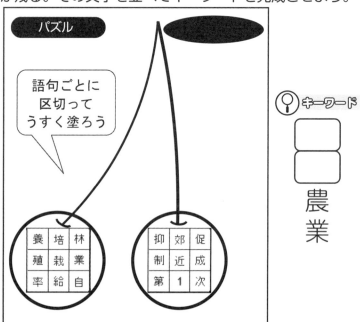

3 ①～⑧にあてはまる語句を答えよう。(**2**のパズルとキーワードがヒントだよ)

① 大都市の近くで農産物を新鮮なうちに出荷する農業は？

漢字2字 □□ 農業

② 農作物の出荷時期を早める栽培方法は？

漢字2字 □□ 栽培

③ 農作物の出荷時期を遅らせる栽培方法は？

漢字2字 □□ 栽培

④ 国民が消費する食料のうち，国内で生産がまかなえている割合のことを何というの？

漢字3字 食料 □□□

⑤ 魚や貝を囲いをつくって育て，出荷する漁業のことを何というの？

漢字2字 □□ 漁業（業）

⑥ 稚魚や稚貝を海などに放流し，自然の中で育ったものをとる漁業を何というの？

漢字2字 □□ 漁業

⑦ 産業を3つに分けたとき，農業・林業・水産業をふくむ産業を何というの？

漢字3字 □□□ 産業

⑧ 木材を生産する産業を何というの？

漢字2字 □□

93

Answer 模範解答
「日本の農業」結びつけパズル (全問正解で23点)

1 1点×7問 （正しい組み合わせをつくり，線で結ぶごとに1点）

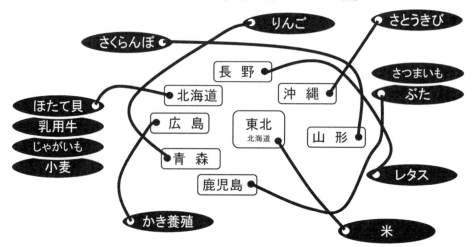

2 1点×7問 （1つ塗るごとに1分）

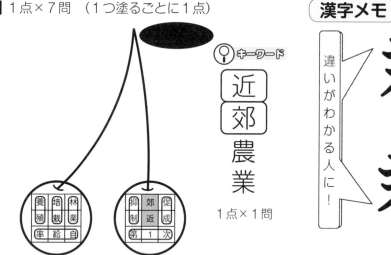

キーワード　近郊農業　1点×1問

漢字メモ

違いがわかる人に！

栽培
裁判

3 1点×8問

① 近郊（農業）
② 促成（栽培）
③ 抑制（栽培）
④ （食料）自給率
⑤ 養殖（漁業・業）
⑥ 栽培（漁業）
⑦ 第1次（産業）
⑧ 林業

評価基準

A評価　18問以上の正解
※必ずキーワードが正解していること！

B評価　6問以上の正解

それ以外は **C評価**

Test 決めきる！定着テスト　　　　　　　　　　（　）月（　）日

日本の農業

（　）年（　）組（　）番・氏名（　　　　　　）　　　____評価

（2回目の評価ＡＢＣを記入）

A評価…6問以上の正解　　B評価…2〜5問の正解　　C評価…それ以外

●【やまおり1】を折って1回目,【やまおり2】を折って2回目をやろう！

（やまおり2）　　　　（やまおり1）

問 題 文	2回目	1回目 （1文字ヒントあり）	こたえ
① 大都市の近くで農産物を新鮮なうちに出荷する農業は？		近	近郊農業
② 農作物の出荷時期を早める栽培方法は？		促	促成栽培
③ 農作物の出荷時期を遅らせる栽培方法は？		抑	抑制栽培
④ 国民が消費する食料のうち, 国内で生産がまかなえている割合のことを何というの？		食	食料自給率
⑤ 魚や貝を囲いをつくって育て, 出荷する漁業のことを何というの？	漁業（業）	養 漁業（業）	養殖 漁業（業）
⑥ 稚魚や稚貝を海などに放流し, 自然の中で育ったものをとる漁業を何というの？		栽	栽培漁業
⑦ 産業を3つに分けたとき, 農業・林業・水産業をふくむ産業を何というの？	産業	第 産業	第1次 産業
⑧ 木材を生産する産業を何というの？		林	林業

Puzzle & Test
「基礎基本」定着面白パズル&テスト

「日本の工業」ブロックパズル

( )月( )日 ( )年( )組 ( )番・氏名( )

1 ヒントを活用して，パズルの空欄にあてはまる工業地帯・地域名を答えよう。また，例にしたがって「北」「葉」「浜」「東」「中」「阪」「瀬」「九」のブロックを色分けしよう。

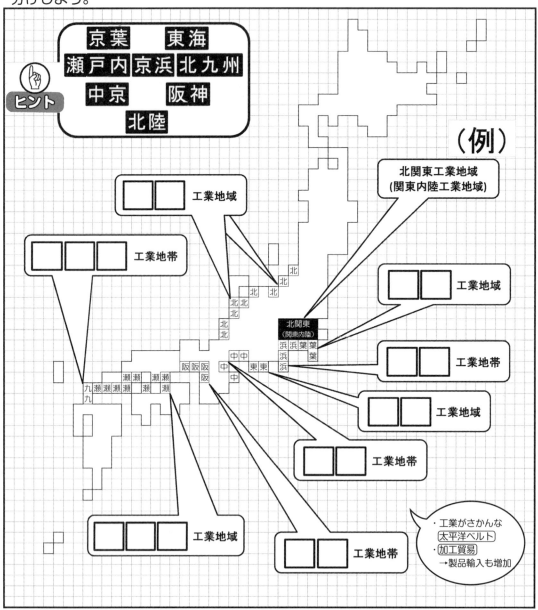

ヒント：京葉　東海　瀬戸内　京浜　北九州　中京　阪神　北陸

（例）北関東工業地域（関東内陸工業地域）

・工業がさかんな 太平洋ベルト
・加工貿易 →製品輸入も増加

2 下の例にしたがって，①〜⑩にあてはまる語句を答えよう。

（例）栃木・群馬・埼玉・茨城に広がる自動車・電気機器の生産がさかんな工業地域は？

　　　　　　　　　　　　　　　　　　　北 関 東 工 業 地 域

① 1901年に操業を始めた八幡製鉄所を中心に発展した工業地帯は？
　　　　　　　　　　　　　　　　漢字3字　□□□ 工業地帯

② 石油化学工業がさかんな瀬戸内海沿岸の工業地域は？
　　　　　　　　　　　　　　　　漢字3字　□□□ 工業地域

③ 大阪湾沿岸から内陸部に広がる，重化学工業やせんい工業がさかんな工業地帯は？
　　　　　　　　　　　　　　　　漢字2字　□□ 工業地帯

④ 自動車工業がさかんな，工業生産額全国ナンバーワンの工業地帯は？
　　　　　　　　　　　　　　　　漢字2字　□□ 工業地帯

⑤ オートバイや楽器，パルプ・製紙業がさかんな静岡県臨海部の工業地域は？
　　　　　　　　　　　　　　　　漢字2字　□□ 工業地域

⑥ 伝統的工芸品の生産などがさかんな，福井・石川・富山・新潟に広がる工業地域は？
　　　　　　　　　　　　　　　　漢字2字　□□ 工業地域

⑦ 重化学工業のほか，印刷業もさかんな東京・神奈川・埼玉に広がる工業地帯は？
　　　　　　　　　　　　　　　　漢字2字　□□ 工業地帯

⑧ 石油化学コンビナートがつくられている東京湾の千葉県側の工業地域は？
　　　　　　　　　　　　　　　　漢字2字　□□ 工業地域

⑨ 関東から九州北部にかけての臨海部に帯のように連なる，工業がさかんな地域は？
　　　　　　　　　漢字3字・カタカナ3字　□□□□□□

⑩ 原材料を輸入して製品をつくり，海外へ輸出する貿易は？
　　　　　　　　　　　　　　　　漢字2字　□□ 貿易

Answer 模範解答
「日本の工業」ブロックパズル (全問正解で26点)

1 1点×16問　（□に工業地帯・地域名が書けていれば1点×8問）
　　　　　　　（「北」など1種類塗るごとに1点×8種類）

2 1点×10問
① 北九州（工業地帯）
② 瀬戸内（工業地域）
③ 阪神（工業地帯）
④ 中京（工業地帯）
⑤ 東海（工業地域）
⑥ 北陸（工業地域）
⑦ 京浜（工業地帯）
⑧ 京葉（工業地域）
⑨ 太平洋ベルト
⑩ 加工（貿易）

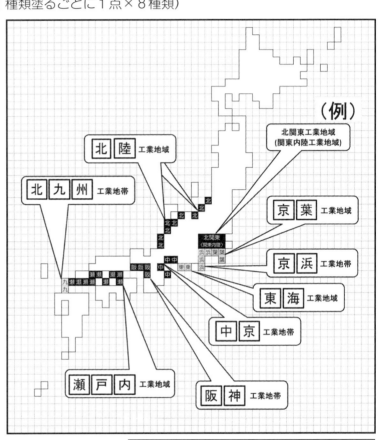

四大工業地帯　特徴をつかむポイント

京　浜… 印刷業の割合が多い
中　京… 工業出荷額が多い・機械（自動車）
　　　　の割合が多い
阪　神… 金属・せんいの割合が多い
北九州… 工業出荷額が少ない

評価基準

A評価 20問以上の正解

B評価 7〜19問の正解

それ以外は **C評価**

Test 決めきる！定着テスト　　（　）月（　）日

日本の工業

（　）年（　）組（　）番・氏名（　　　　　　）　　評価

A評価…8問以上の正解　B評価…3〜7問の正解　C評価…それ以外

（2回目の評価ABCを記入）

● 【やまおり1】を折って1回目，【やまおり2】を折って2回目をやろう！

問題文	2回目	1回目（1文字ヒントあり）	こたえ
① 1901年に操業を始めた八幡製鉄所を中心に発展した工業地帯は？	工業地帯	北　　工業地帯	北九州工業地帯
② 石油化学工業がさかんな瀬戸内沿岸の工業地域は？	工業地域	瀬　　工業地域	瀬戸内工業地域
③ 大阪湾沿岸から内陸部に広がる，重化学・せんい工業がさかんな工業地帯は？	工業地帯	阪　　工業地帯	阪神工業地帯
④ 自動車工業がさかんな，工業生産額全国ナンバーワンの工業地帯は？	工業地帯	中　　工業地帯	中京工業地帯
⑤ オートバイや楽器，パルプ製紙業がさかんな静岡県臨海部の工業地域は？	工業地域	東　　工業地域	東海工業地域
⑥ 伝統的工芸品の生産などがさかんな，福井・石川・富山・新潟に広がる工業地域は？	工業地域	北　　工業地域	北陸工業地域
⑦ 重化学工業のほか，印刷業もさかんな東京・神奈川・埼玉に広がる工業地帯は？	工業地帯	京　　工業地帯	京浜工業地帯
⑧ 石油化学コンビナートがつくられている東京湾の千葉県側の工業地域は？	工業地域	京　　工業地域	京葉工業地域
⑨ 関東から九州北部にかけての臨海部に帯のように連なる，工業がさかんな地域は？		太	太平洋ベルト
⑩ 原材料を輸入して製品をつくり，海外へ輸出する貿易は？	貿易	加　　貿易	加工貿易

Puzzle & Test 「世界と日本の結びつき」穴埋めパズル

「基礎基本」定着面白パズル&テスト

( )月( )日 ( )年( )組 ( )番・氏名( )

1. 下のパズルAには、3の①〜⑦のヒントになる語句があてはまる。右の語句ボックスの文字をあてはめてパズルAを完成させよう。

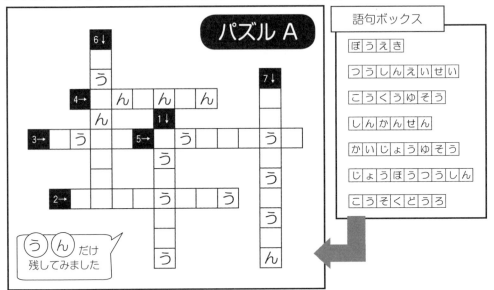

2. 下のパズルBには、3の①〜⑦の答えになる語句があてはまる。右の語句ボックスの文字を5つの空欄にあてはめてパズルBを完成させよう。

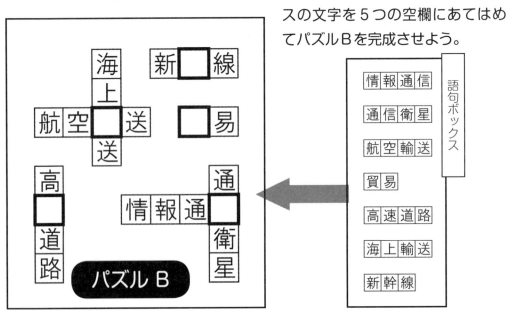

3 次の①〜⑦にあてはまる語句を答えよう。

① 軽くて価格が高い電子部品, いたみが早い生鮮品を運ぶのに適した輸送方法は？

漢字4字 □□□□

② 重量が重い石炭や石油など, 鉱産資源を輸出入するのに適した輸送方法は？

漢字4字 □□□□

③ 国と国との間で, 商品やサービスの売り買いの取引をすることを何というの？

漢字2字 □□

※ ③の答えになる語句は, 次の■■にも, あてはまるよ。
・③をめぐる問題を「■■摩擦」というよ。
・③で輸出が輸入を上回ることを「■■黒字」, その逆は「■■赤字」というよ。

④ 1964年の東海道に始まり, 現在は, 北海道から鹿児島まで整備されている日本が世界に誇る高速鉄道は？

漢字3字 □□□

⑤ 1963年の名神の栗東・尼崎間から始まり, その後, 日本各地に整備された自動車専用の道路を何というの？

漢字4字 □□□□

⑥ 離れた場所でデータの送受信を行うために打ち上げられる人工衛星を何というの？

漢字4字 □□□□

⑦ 時と場所を選ばず, 情報の送受信が可能なネットワーク技術を何というの？

漢字4字 □□□□ 技術

※ ⑦の答えになる語句は, 次の■■■■にも, あてはまるよ。
・⑦のネットワーク全体の総称を「■■■■網」というよ。

Answer 模範解答
「世界と日本の結びつき」穴埋めパズル （全問正解で19点）

1 1点×7問 （1つ語句を書き入れるごとに1点）

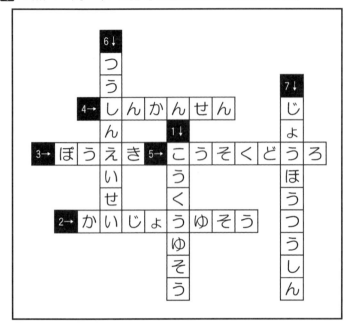

評価基準

A評価 15問以上の正解

B評価 5～14問の正解

それ以外は **C評価**

2 1点×5問 （1つ漢字を書き入れるごとに1点）

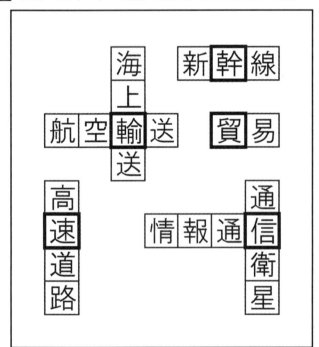

3 1点×7問
① 航空輸送
② 海上輸送
③ 貿易
④ 新幹線
⑤ 高速道路
⑥ 通信衛星
⑦ 情報通信（技術）

Test 決めきる！定着テスト （ ）月（ ）日

世界と日本の結びつき

（ ）年（ ）組（ ）番・氏名（　　　　　　　）

____ 評価

（2回目の評価ＡＢＣを記入）

A評価…5問以上の正解　B評価…2〜4問の正解　C評価…それ以外

● 【やまおり1】を折って1回目，【やまおり2】を折って2回目をやろう！

（やまおり2）　　（やまおり1）

問題文	2回目	1回目 (1文字ヒントあり)	こたえ
① 軽くて価格が高い電子部品，いたみが早い生鮮品を運ぶのに適した輸送方法は？		航	航空輸送
② 重量が重い石炭や石油など，鉱産資源を輸出入するのに適した輸送方法は？		海	海上輸送
③ 国と国との間で，商品やサービスの売り買いの取引をすることを何というの？		貿	貿易
④ 1964年の東海道に始まった日本が世界に誇る高速鉄道は？		新	新幹線
⑤ 1963年の名神の栗東・尼崎間から始まった自動車専用の道路を何というの？		高	高速道路
⑥ 離れた場所でデータの送受信を行うために打ち上げられる人工衛星は？		通	通信衛星
⑦ 時と場所を選ばず，情報の送受信が可能なネットワーク技術を何というの？	技術	情　　　　　技術	情報通信技術

103

第3章｜日本の諸地域　3｜七つの地方

Puzzle & Test 「基礎基本」定着面白パズル＆テスト

「九州地方」キーワードパズル

（　）月（　）日　（　）年（　）組（　）番・氏名（　　　　　　　　）

1 次のブロックパズルには，九州8県の県名と，下の語群の用語，**2**の①～⑪の答えになる語句が隠れている。語句ごとに区切ってうすく塗っていくと，どこにも属さない文文字が出てくるので，その文字を並べてキーワードを完成させよう。

※対馬・壱岐・五島列島・天草（諸島）・甑島（列島）・種子島・屋久島，有明海，桜（島）は塗らなくてOK！

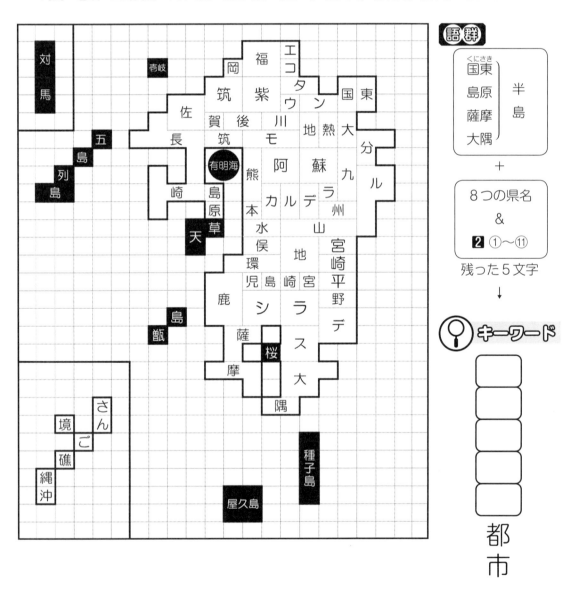

【語群】
国東（くにさき）／島原／薩摩／大隅　＋　半島

＋

8つの県名 ＆ **2** ①～⑪

残った5文字
↓

🔍 キーワード

□
□
□
□
□
都市

2 次の①〜⑪にあてはまる語句を答えよう。

① 福岡と佐賀にまたがる，稲作がさかんな九州最大の平野は？

漢字2字　□□平野

② 九州の中央部にある活火山は？

漢字2字　□□山

③ 九州を北東から南西方向につらぬく山地は？

漢字4字　□□□□

④ 宮崎の日向灘に広がる平野は？

漢字4字　□□□□

⑤ ②を水源に，熊本・大分・福岡・佐賀の4県を流れる川は？

漢字3字　□□□

⑥ ②にみられる，火山の噴火によってできた大きなくぼ地は？

カタカナ4字　□□□□

⑦ 九州南部に広がる，火山の噴出物が積もってできた地層は？

カタカナ3字　□□□

⑧ 南西諸島の海岸にみられる，生物の死骸が積み重なってできた地形は？

ひらがな（カタカナ）3字・漢字1字　□□□□

⑨ 北九州市にある廃棄物のリサイクル工場を集めた地域は？

カタカナ5字　□□□□□

⑩ 火山の地下にある熱水や水蒸気を利用する発電は？

漢字2字　□□発電

⑪ 四大公害病のうち，水俣湾沿岸で発生したのは？

漢字2字　□□病

Answer 模範解答
「九州地方」キーワードパズル (全問正解で35点)

1 1点×23問 (1つ塗るごとに1点)

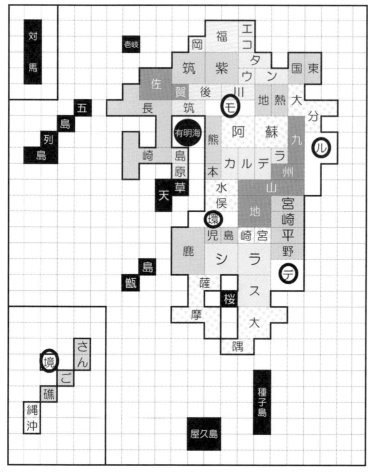

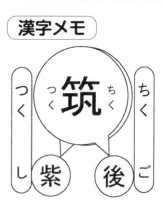

漢字メモ

筑 (つく/ちく) 紫(し) 後(ご)

キーワード

環境モデル都市

1点×1問

2 1点×11問

① 筑紫（平野）　② 阿蘇（山）　③ 九州山地　④ 宮崎平野
⑤ 筑後川　⑥ カルデラ　⑦ シラス　⑧ さんご礁（サンゴ礁）
⑨ エコタウン　⑩ 地熱（発電）　⑪ 水俣（病）

評価基準

A評価　キーワードを含む28問以上の正解
※必ずキーワードが正解していること！

B評価　10問以上の正解

それ以外は **C評価**

Test 決めきる！定着テスト　　　（　）月（　）日

九州地方

（　）年（　）組（　）番・氏名（　　　　　　　）　　□評価

（2回目の評価ＡＢＣを記入）

A評価…8問以上の正解　B評価…3〜7問の正解　C評価…それ以外

● 【やまおり1】を折って1回目，【やまおり2】を折って2回目をやろう！

問　題　文	2回目	1回目（1文字ヒントあり）	こたえ
① 福岡と佐賀にまたがる，稲作がさかんな九州最大の平野は？	平野	筑　　　　平野	筑紫平野
② 九州の中央部にある活火山は？	山	阿　　　　山	阿蘇山
③ 九州を北東から南西方向につらぬく山地は？	山地	九　　　　山地	九州山地
④ 宮崎の日向灘に広がる平野は？	平野	宮　　　　平野	宮崎平野
⑤ ②を水源に，熊本・大分・福岡・佐賀の4県を流れる川は？	川	筑　　　　川	筑後川
⑥ ②にみられる，火山の噴火によってできた大きなくぼ地は？		カ	カルデラ
⑦ 九州南部に広がる，火山の噴出物が積もってできた地層は？		シ	シラス
⑧ 南西諸島の海岸にみられる，生物の死骸が積み重なってできた地形は？		さ	さんご礁（サンゴ礁）
⑨ 北九州市にある廃棄物のリサイクル工場を集めた地域は？		エ	エコタウン
⑩ 火山の地下にある熱水や水蒸気を利用する発電は？	発電	地　　　　発電	地熱発電
⑪ 四大公害病のうち，水俣湾沿岸で発生したのは？	病	水　　　　病	水俣病

107

Puzzle & Test 「中国・四国地方」キーワードパズル

「基礎基本」定着面白パズル＆テスト

（　）月（　）日　　（　）年（　）組（　）番・氏名（　　　　　　　　　　）

1 次のブロックパズルには，中国・四国の9つの県名，下の語群の用語，**2**の①〜⑨の答えになる語句が隠れている。語句ごとに区切ってうすく塗っていくと，どこにも属さない文字が出てくるので，その文字を並べてキーワードを完成させよう。

 佐田岬　足摺岬　室戸岬　吉野川　四万十（川）　隠岐（諸島）

※後鳥羽上皇が流された隠岐は島根県。パズルの中にはないけど竹島（現在，韓国が不法占拠）も島根県だよ。

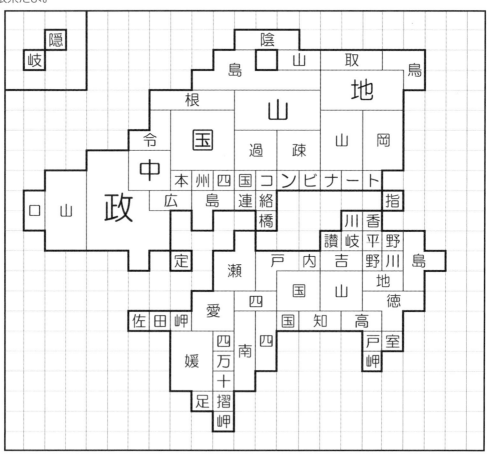

 キーワード　□□□□ 都市

2 次の①～⑨にあてはまる語句を答えよう。

① 東西に長く，山口から兵庫北西部まで続く山地は？　漢字4字

② 四国中央を東西にのびる山地は？　漢字4字

③ 香川北部を占める，瀬戸内海に面する四国最大の平野は？　漢字4字

④ 島根や鳥取など，中国山地の北側の地域を何というの？　漢字2字

⑤ 中国山地の南側（山陽）と四国山地の北側の地域をあわせて何というの？　漢字3字

⑥ 四国山地の南側の地域を何というの？　漢字3字

⑦ 岡山県倉敷市の水島などに建設されている，生産を効率化した工場群は？　カタカナ6字

⑧ 本州と四国を結ぶルートにかかる橋を3つまとめて何というの？　漢字7字

⑨ 人口がいちじるしく減少し，地域社会の機能が弱くなることを何というの？　漢字2字（化）

3 下の本州四国連絡橋のルートと，その特徴について，・と・とを線で結んで正しい組み合わせを完成させよう。

| 神戸・鳴門ルート | 今治・尾道ルート | 児島・坂出ルート |

| 瀬戸内しまなみ海道 | 瀬戸大橋 | 明石海峡大橋・大鳴門橋 |

| 自動車専用道路だよ。世界最大規模の渦潮で有名！ | 自動車だけでなく，自転車や歩きでも渡れるよ。 | 電車でも自動車でも渡れるのは，3つのルートのうち，ここだけ。 |

Answer 模範解答
「中国・四国地方」キーワードパズル (全問正解で40点)

1 1点×24問 （1つ塗るごとに1点）

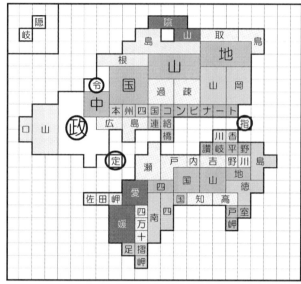

キーワード 政令指定都市

1点×1問

2 1点×9問
① 中国山地
② 四国山地
③ 讃岐平野
④ 山陰
⑤ 瀬戸内
⑥ 南四国
⑦ コンビナート
⑧ 本州四国連絡橋
⑨ 過疎（化）

漢字メモ

疎（そ）
だね～

3 1点×6問 （点と点を線で結ぶごとに1点）

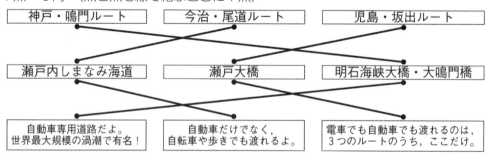

評価基準

A評価 キーワードを含む32問以上の正解
※必ずキーワードが正解していること！

B評価 12問以上の正解

それ以外は **C評価**

Test 決めきる！定着テスト （ ）月（ ）日

中国・四国地方

（ ）年（ ）組（ ）番・氏名（ 　　　　　　）

＿＿評価

A評価…7問以上の正解　B評価…2〜6問の正解　C評価…それ以外

（2回目の評価ABCを記入）

● 【やまおり1】を折って1回目，【やまおり2】を折って2回目をやろう！

問題文	2回目	1回目 (1文字ヒントあり)	こたえ
① 東西に長く，山口から兵庫北西部まで続く山地は？	山地	中　　　　山地	中国山地
② 四国中央を東西にのびる山地は？	山地	四　　　　山地	四国山地
③ 香川北部を占める，瀬戸内海に面する四国最大の平野は？	平野	讃　　　　平野	讃岐平野
④ 島根や鳥取など，中国山地の北側の地域を何というの？		山	山陰
⑤ 中国山地の南側（山陽）と四国山地の北側の地域をあわせて何というの？		瀬	瀬戸内
⑥ 四国山地の南側の地域を何というの？		南	南四国
⑦ 岡山県倉敷市の水島などに建設されている，生産を効率化した工場群は？		コ	コンビナート
⑧ 本州と四国を結ぶルートにかかる橋を3つまとめて何というの？		本	本州四国連絡橋
⑨ 人口がいちじるしく減少し，地域社会の機能が弱くなることを何というの？	（化）	過　　　　（化）	過疎（化）

111

Puzzle & Test ― 「近畿地方」ブロックパズル

「基礎基本」定着面白パズル＆テスト

( )月( )日　( )年( )組( )番・氏名(　　　　　　　　)

1 次のブロックパズルには，「琵琶湖」「標準時子午線」「淡路島」「紀伊山地の霊場と参詣道」のほかに，2府5県の名前，右下の語群の用語，**2**の①〜⑫の答えになる語句が隠れている。語句ごとに区切って塗っていくと2つの語句が残る。その語句を下の❹・❺の欄に書こう。

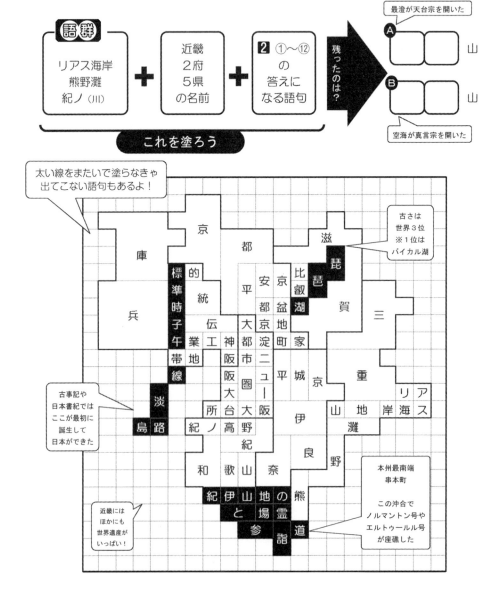

2 次の①〜⑫にあてはまる語句を答えよう。

① 夏暑く，冬寒い，昔の山城国の中心部から南部を含む盆地は？
　　　　　　　　　　　　　　　　　　　　漢字4字 ☐☐☐☐

② 琵琶湖から，瀬田川・宇治川と名を変えながら大阪湾へ流れ出る川は？
　　　　　　　　　　　　　　　　　　　　漢字1字 ☐ 川

③ 西は六甲，東は生駒・金剛，南は和泉山脈。近畿最大の平野は？
　　　　　　　　　　　　　　　　　　　　漢字2字 ☐☐ 平野

④ 和歌山・奈良・三重にまたがる山地は？
　　※**1**のパズルでも，太線をこえて3県にまたがってるよ！　漢字4字 ☐☐☐☐

⑤ 大阪を中心に神戸や京都を含む都市圏は？
　　　　　　　漢字4字　（大阪［京阪神または関西］） ☐☐☐☐

⑥ 戦前から発達する大阪市を中心に広がる工業地帯は？
　　　　　　　　　　　　　　　　　　　　漢字6字 ☐☐☐☐☐☐

⑦ 兵庫の丹波焼，京都の西陣織・清水焼，堺の刃物などは？
　　　　　　　　　　　　　　　　漢字3字 ☐☐☐ 工芸品

⑧ 江戸時代に商業の中心地だった大阪は何とよばれたの？
　　　　　　　　　　　　　　　漢字2字　天下の ☐☐

⑨ 8世紀初め，元明天皇が藤原京から現在の奈良市に移して置いた都は？
　　　　　　　　　　　　　　　　　　　　漢字3字 ☐☐☐

⑩ 8世紀後半，桓武天皇が長岡京から現在の京都市に移して置いた都は？
　　　　　　　　　　　　　　　　　　　　漢字3字 ☐☐☐

⑪ 過密解消のため，千里や泉北などに開発された住宅地は？
　　　　　　　　　　　　　　　　カタカナ3字 ☐☐☐ タウン

⑫ 京都や奈良にみられる伝統的な民家は？
　　　　　　　　　　　　　　　　　　　　漢字2字 ☐☐
　　　　　　　　　　　　　　　　　　読み方は「まちや」だよ！

Answer 模範解答

「近畿地方」ブロックパズル （全問正解で36点）

1 1点×22問 （1つ塗るごとに1点）

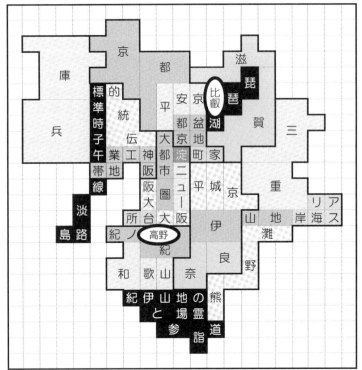

1点×2問

2 1点×12問
① 京都盆地
② 淀（川）
③ 大阪（平野）
④ 紀伊山地
⑤ （大阪［京阪神または関西］）大都市圏
⑥ 阪神工業地帯
⑦ 伝統的（工芸品）
⑧ （天下の）台所
⑨ 平城京
⑩ 平安京
⑪ ニュー（タウン）
⑫ 町家

評価基準

A評価

Ⓐ Ⓑを含む
28問以上の正解
※必ずⒶⒷの2つとも
正解していること！

B評価

10問以上の正解

それ以外は **C評価**

Test 決めきる！定着テスト

近畿地方

( ) 年 ( ) 組 ( ) 番・氏名 (　　　　　　　)　　( ) 月 ( ) 日

＿＿ 評価
（2回目の評価ABCを記入）

A評価…9問以上の正解　B評価…3～8問の正解　C評価…それ以外

● 【やまおり1】を折って1回目，【やまおり2】を折って2回目をやろう！

問 題 文	2回目	1回目（1文字ヒントあり）	こたえ
① 夏暑く，冬寒い，昔の山城国の中心部から南部を含む盆地は？	盆地	京 盆地	京都盆地
② 琵琶湖から，瀬田川・宇治川と名を変えながら大阪湾へ流れ出る川は？	川	ノーヒント 川	淀川
③ 西は六甲，東は生駒・金剛，南は和泉山脈。近畿最大の平野は？	平野	大 平野	大阪平野
④ 和歌山・奈良・三重にまたがる山地は？	山地	紀 山地	紀伊山地
⑤ 大阪を中心に神戸や京都を含む都市圏は？	大阪〔京阪神または関西〕	大阪〔京阪神または関西〕 大	大阪〔京阪神または関西〕 大都市圏
⑥ 戦前から発達する大阪市を中心に広がる工業地帯は？	工業地帯	阪 工業地帯	阪神工業地帯
⑦ 兵庫の丹波焼，京都の西陣織・清水焼，堺の刃物などは？		伝	伝統的工芸品
⑧ 江戸時代に商業の中心地だった大阪は何とよばれたの？		天	天下の台所
⑨ 8世紀初め，元明天皇が藤原京から現在の奈良市に移して置いた都は？		平	平城京
⑩ 8世紀後半，桓武天皇が長岡京から現在の京都市に移して置いた都は？		平	平安京
⑪ 過密解消のため，千里や泉北などに開発された住宅地は？		ニ	ニュータウン
⑫ 京都や奈良にみられる伝統的な民家は？		町	町家

Puzzle & Test 「中部地方」キーワードパズル

「基礎基本」定着面白パズル＆テスト

（　）月（　）日　（　）年（　）組（　）番・氏名（　　　　　　　　　　）

1 次のブロックパズルには，下の語群の用語，**2**の①〜⑫の答えになる語句，中部9県の県名が隠れている。語句ごとに区切ってうすく塗っていくと，どこにも属さない文字が出てくるので，その文字を並べてキーワードを完成させよう。

語群　佐渡島　能登半島　若狭湾　伊豆半島　信濃川　＋　**2**①〜⑫の答え

＋

中部9つの県名

↓

残ったのは…

🔍キーワード

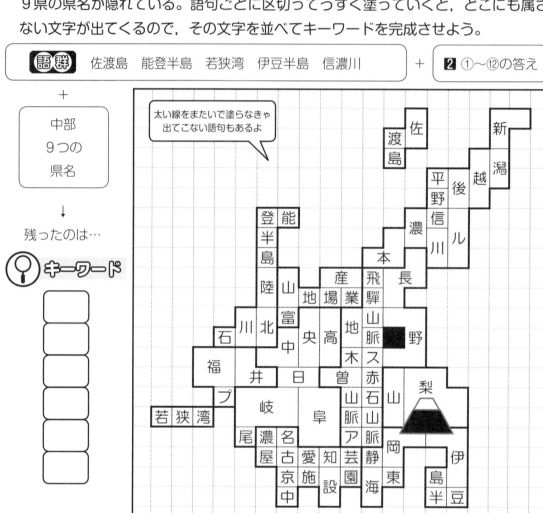

太い線をまたいで塗らなきゃ出てこない語句もあるよ

2 次の①〜⑫にあてはまる語句を答えよう。

① 富山，新潟，岐阜，長野にまたがる，北アルプスとよばれる山脈は？
　　　　　　　　　　　　　　　　　漢字4字 □□□□

② 木曽川と天竜川にはさまれた，中央アルプスとよばれる山脈は？
　　　　　　　　　　　　　　　　　漢字4字 □□□□

③ 長野，山梨，静岡にまたがる，南アルプスとよばれる山脈は？
　　　　　　　　　　　　　　　　　漢字4字 □□□□

④ 信濃川と阿賀野川が流れる，本州日本海側で最大の平野は？
　　　　　　　　　　　　　　　　　漢字4字 □□□□

⑤ 集落を堤防で囲った輪中がある，木曽川・長良川・揖斐川が流れる平野は？
　　　　　　　　　　　　　　　　　漢字2字 □□ 平野

⑥ 自動車工業がさかんな豊田市などをふくむ工業地帯は？
　　　　　　　　　　　　　　　　　漢字2字 □□ 工業地帯

⑦ 二輪車や紙・パルプの製造がさかんな，静岡の太平洋岸にひろがる工業地域は？
　　　　　　　　　　　　　　　　　漢字2字 □□ 工業地域

⑧ 富山の薬，鯖江のめがねなど，農家の副業として始められた地域特有の産業は？
　　　　　　　　　　　　　　　　　漢字4字 □□□□

⑨ ビニールハウスなどを利用して，野菜や花を栽培する農業は？
　　　　　　　　　　　　　　　　　漢字4字 □□□□ 農業

⑩ 中部地方にある大都市圏は？
　　　　　　　　　　　　　　　　　漢字3字 □□□ 大都市圏

⑪ 太平洋側の東海に対して，中部地方の日本側は何とよばれるの？
　　　　　　　　　　　　　　　　　漢字2字 □□

⑫ 東海と⑪の間に位置し，精密機械と高原野菜（高冷地野菜）の生産がさかんな地域は？
　　　　　　　　　　　　　　　　　漢字4字 □□□□

Answer 模範解答
「中部地方」キーワードパズル (全問正解で39点)

1 1点×26問 （1つ塗るごとに1点）

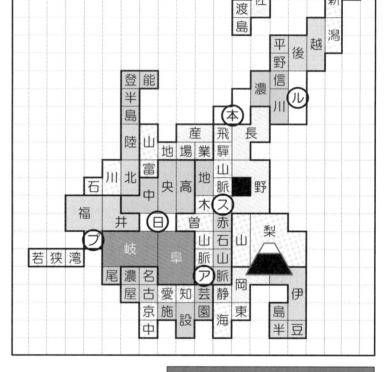

1点×1問

2 1点×12問
- ① 飛騨山脈
- ② 木曽山脈
- ③ 赤石山脈
- ④ 越後平野
- ⑤ 濃尾（平野）
- ⑥ 中京（工業地帯）
- ⑦ 東海（工業地域）
- ⑧ 地場産業
- ⑨ 施設園芸（農業）
- ⑩ 名古屋（大都市圏）
- ⑪ 北陸
- ⑫ 中央高地

漢字メモ

評価基準

A評価

キーワードを含む31問以上の正解
※必ずキーワードが正解していること！

B評価

11問以上の正解

それ以外は **C評価**

Test 決めきる！定着テスト　中部地方

( ) 月 ( ) 日

( ) 年 ( ) 組 ( ) 番・氏名 ( )　評価

A評価…9問以上の正解　B評価…3〜8問の正解　C評価…それ以外

（2回目の評価ABCを記入）

● 【やまおり1】を折って1回目，【やまおり2】を折って2回目をやろう！

問題文	2回目	1回目（1文字ヒントあり）	こたえ
① 富山，新潟，岐阜，長野にまたがる，北アルプスとよばれる山脈は？	山脈	飛　　　山脈	飛騨　山脈
② 木曽川と天竜川にはさまれた，中央アルプスとよばれる山脈は？	山脈	木　　　山脈	木曽　山脈
③ 長野，山梨，静岡にまたがる，南アルプスとよばれる山脈は？	山脈	赤　　　山脈	赤石　山脈
④ 信濃川と阿賀野川が流れる，本州日本海側で最大の平野は？	平野	越　　　平野	越後　平野
⑤ 集落を堤防で囲った輪中がある，木曽川・長良川・揖斐川が流れる平野は？	平野	濃　　　平野	濃尾　平野
⑥ 自動車工業がさかんな豊田市などをふくむ工業地帯は？	工業地帯	中　　　工業地帯	中京　工業地帯
⑦ 二輪車や紙・パルプの製造がさかんな，静岡の太平洋岸にひろがる工業地域は？	工業地域	東　　　工業地域	東海　工業地域
⑧ 富山の薬，鯖江のめがねなど，農家の副業として始められた地域特有の産業は？		地	地場産業
⑨ ビニールハウスなどを利用して，野菜や花を栽培する農業は？	農業	施　　　農業	施設園芸　農業
⑩ 中部地方にある大都市圏は？	大都市圏	名　　　大都市圏	名古屋　大都市圏
⑪ 太平洋側の東海に対して，中部地方の日本側は何とよばれるの？		北	北陸
⑫ 東海と⑪の間に位置し，精密機械と高原野菜（高冷地野菜）の生産がさかんな地域は？		中	中央高地

Puzzle & Test 「関東地方」キーワードパズル

「基礎基本」定着面白パズル＆テスト

( )月( )日 ( )年( )組( )番・氏名( )

1 次のブロックパズルには，関東地方の6つの県名と**2**の①〜⑫の答えになる語句が隠れている。語句ごとに区切って塗っていくと，どこにも属さない文字が出てくるので，その文字を並べてキーワードを完成させよう。

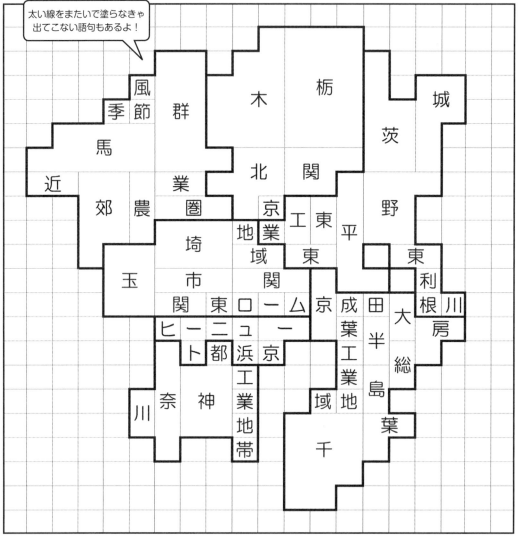

2 次の①〜⑫にあてはまる語句を答えよう。

① 関東一都六県に広がる日本最大の平野は？　　漢字4字

② 関東を北から東に流れ，太平洋へ注ぐ「坂東太郎」とよばれる河川は？　　漢字3字

③ 昔の安房国・上総国・下総国にまたがる千葉県の大部分を占める半島は？　　漢字4字

④ 関東を広くおおっている火山灰が積もった赤土は？　　漢字2字＋カタカナ3字

⑤ 冬に関東地方などで吹く「からっ風」って何？　　乾燥した北西の…　漢字3字

⑥ 東京・横浜間の東京湾岸に発達した工業地帯は？　　漢字6字

⑦ ⑥とは逆に，東京湾の千葉県側に発達した工業地域は？　　漢字6字

⑧ 群馬・栃木・茨城の高速道路沿いに発達した工業地域は？　　漢字7字
（関東内陸工業地域）

⑨ 千葉や茨城でさかんな，大都市に近いという利点をいかした農業は？　　漢字4字

⑩ 多摩や千葉など郊外に開発された新しい住宅地域は？　　カタカナ3字　□□□タウン

⑪ 東京など大都市の中心部の気温が高くなる現象は？　　カタカナ3字　□□□アイランド現象

⑫ 1978年に千葉県につくられた，日本でもっとも貿易額が多い空港は？　　漢字2字　□□国際空港

Answer 模範解答
「関東地方」キーワードパズル (全問正解で31点)

1 1点×18問 （1つ塗るごとに1点）

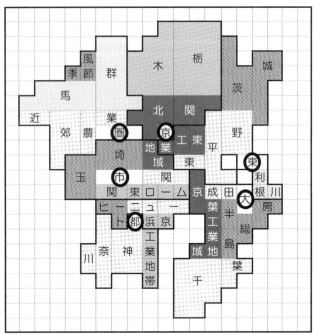

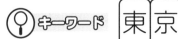 1点×1問

2 1点×12問

① 関東平野
② 利根川
③ 房総半島
④ 関東ローム
⑤ 季節風
⑥ 京浜工業地帯
⑦ 京葉工業地域
⑧ 北関東工業地域
⑨ 近郊農業
⑩ ニュー（タウン）
⑪ ヒート（アイランド現象）
⑫ 成田（国際空港）

評価基準

A評価
キーワードを含む
24問以上の正解
※必ずキーワードが正解
していること！

B評価
9問以上の正解

それ以外は **C評価**

Test 決めきる！定着テスト （ ）月（ ）日

関東地方

( )年( )組( )番・氏名( )　　評価

A評価…9問以上の正解　B評価…3〜8問の正解　C評価…それ以外

（2回目の評価ABCを記入）

● 【やまおり1】を折って1回目，【やまおり2】を折って2回目をやろう！

問題文	2回目	1回目（1文字ヒントあり）	こたえ
① 関東一都六県に広がる日本最大の平野は？	平野	関 平野	関東平野
② 関東を北から東に流れ，太平洋へ注ぐ「坂東太郎」とよばれる河川は？	川	利 川	利根川
③ 昔の安房国・上総国・下総国にまたがる千葉県の大部分を占める半島は？	半島	房 半島	房総半島
④ 関東を広くおおっている火山灰が積もった赤土は？		関	関東ローム
⑤ 冬に関東地方などで吹く「からっ風」って何？	乾燥した北西の	乾燥した北西の 季	乾燥した北西の季節風
⑥ 東京・横浜間の東京湾岸に発達した工業地帯は？	工業地帯	京 工業地帯	京浜工業地帯
⑦ ⑥とは逆に，東京湾の千葉県側に発達した工業地域は？	工業地域	京 工業地域	京葉工業地域
⑧ 群馬・栃木・茨城の高速道路沿いに発達した工業地域は？	工業地域	北 工業地域	北関東工業地域
⑨ 千葉や茨城でさかんな，大都市に近いという利点をいかした農業は？	農業	近 農業	近郊農業
⑩ 多摩や千葉など郊外に開発された新しい住宅地域は？		ニ	ニュータウン
⑪ 東京など大都市の中心部の気温が高くなる現象は？	現象	ヒ 現象	ヒートアイランド現象
⑫ 1978年に千葉県につくられた，日本でもっとも貿易額が多い空港は？	国際空港	成 国際空港	成田国際空港

Puzzle & Test 「基礎基本」定着面白パズル&テスト

「東北地方」キーワードパズル

( )月( )日　( )年( )組( )番・氏名(　　　　　　　　　　)

1 右のブロックパズルには，東北6県の県名と，下の語群の用語，**2**の①〜⑭の答えになる語句が隠れている。語句ごとに区切ってうすく塗っていくと，どこにも属さない文字が出てくるので，その文字を並べてキーワードを完成させよう。

　白神（山地）
下北（半島）　津軽（半島）

＋

東北6県の名前
&
2の①〜⑭の答え

残ったのは…　↓

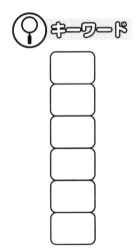

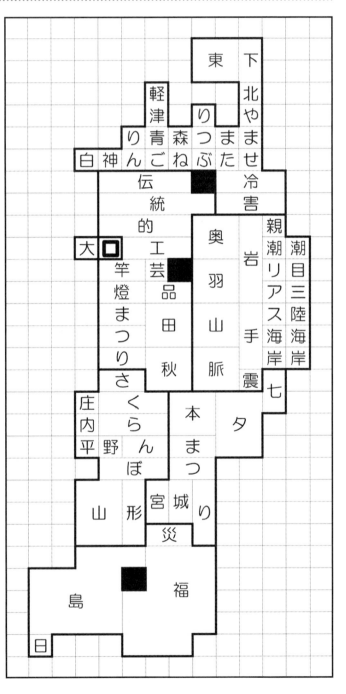

2 次の①〜⑭にあてはまる語句を答えよう。

① 東北地方を南北にのびる日本最長の山脈は？
　　　　　　　　　　　　　　　　　　漢字4字　☐☐☐☐

② 山形県の日本海側にある，米作りがさかんな平野は？
　　　　　　　　　　　　　　　　　　漢字4字　☐☐☐☐

③ 昔の陸奥，陸中，陸前の3つの国にまたがる太平洋側に面する海岸は？
　　　　　　　　　　　　　　　　　　漢字4字　☐☐☐☐

④ ③の南部にみられる，陸地が海に沈んでできた入り組んだ海岸地形を何というの？
　　　　　　　　　　　　カタカナ3字＋漢字2字　☐☐☐☐☐

⑤ 夏に東北の太平洋側に吹く，冷たくしめった北東の風を何というの？
　　　　　　　　　　　　　　　　　ひらがな3字　☐☐☐

⑥ ⑤の影響で，夏に気温が上がらず農作物に被害が出ることを何というの？
　　　　　　　　　　　　　　　　　　漢字2字　☐☐

⑦ 太平洋を南下する千島海流の別の呼び名は？
　　　　　　　　　　　　　　　　　　漢字2字　☐☐

⑧ ③の海岸沖など，暖流と寒流がぶつかり合い，よい漁場となっている所は？
　　　　　　　　　　　　　　　　　　漢字2字　☐☐

⑨ 津軽塗（青森），曲げわっぱ（秋田）など，古くからの技法で作られる製品は？
　　　　　　　　　　　　　　　　　　漢字6字　☐☐☐☐☐☐

⑩ 東北三大祭りのうち，青森市で行われる祭りは？
　　　　　　　　　　　ひらがな6字　（青森）　☐☐☐☐☐☐

⑪ 東北三大祭りのうち，秋田市で行われる祭りは？
　　　　　　漢字2字＋ひらがな3字　（秋田）　☐☐☐☐☐

⑫ 東北三大祭りのうち，仙台市で行われる祭りは？
　　　　　　漢字2字＋ひらがな3字　（仙台）　☐☐☐☐☐

⑬ 津軽平野で栽培がさかんな，青森が生産量日本一の果実は？
　　　　　　　　　　　　　　　　　ひらがな3字　☐☐☐

⑭ 山形で栽培がさかんな，桜桃（おうとう）ともよばれる果実は？
　　　　　　　　　　　　　　　　　ひらがな5字　☐☐☐☐☐

Answer 模範解答

「東北地方」キーワードパズル (全問正解で38点)

1 1点×23問 (1つ塗るごとに1点)

キーワード

東日本大震災

1点×1問

2 1点×14問

① 奥羽山脈　　② 庄内平野
③ 三陸海岸　　④ リアス海岸
⑤ やませ　　　⑥ 冷害
⑦ 親潮　　　　⑧ 潮目
⑨ 伝統的工芸品　⑩ ねぶたまつり
⑪ 竿燈まつり　⑫ 七夕まつり
⑬ りんご　　　⑭ さくらんぼ

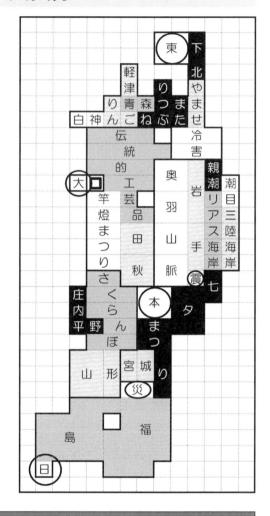

漢字メモ

奥羽　読み方は　おうう

評価基準

A評価
キーワードを含む
30問以上の正解
※必ずキーワードが
　正解していること！

B評価
11問以上の正解

それ以外は C評価

Test 決めきる！定着テスト　　（　）月（　）日

東北地方

（　）年（　）組（　）番・氏名（　　　　　　）

___評価

（2回目の評価ＡＢＣを記入）

| A評価…11問以上の正解　B評価…4〜10問の正解　C評価…それ以外 |

● 【やまおり1】を折って1回目，【やまおり2】を折って2回目をやろう！

（やまおり2）　　　（やまおり1）

問題文	2回目	1回目（1文字ヒントあり）	こたえ
① 東北地方を南北にのびる日本最長の山脈は？	山脈	奥　　　山脈	奥羽　山脈
② 山形県の日本海側にある，米作りがさかんな平野は？	平野	庄　　　平野	庄内　平野
③ 昔の陸奥，陸中，陸前の3つの国にまたがる太平洋側に面する海岸は？	海岸	三　　　海岸	三陸　海岸
④ ③の南部にみられる，陸地が海に沈んでできた入り組んだ海岸地形を何というの？	海岸	リ　　　海岸	リアス　海岸
⑤ 夏に東北の太平洋側に吹く，冷たくしめった北東の風を何というの？		や	やませ
⑥ ⑤の影響で，夏に気温が上がらず農作物に被害が出ることを何というの？		冷	冷害
⑦ 太平洋を南下する千島海流の別の呼び名は？		親	親潮
⑧ ③の海岸沖など，暖流と寒流がぶつかり合い，よい漁場となっている所は？		潮	潮目
⑨ 津軽塗（青森），曲げわっぱ（秋田）など，古くからの技法で作られる製品は？		伝	伝統的工芸品
⑩ 東北三大祭りのうち，青森市で行われる祭りは？	（青森）	（青森）ね	（青森）ねぶたまつり
⑪ 東北三大祭りのうち，秋田市で行われる祭りは？	（秋田）	（秋田）竿	（秋田）竿燈まつり
⑫ 東北三大祭りのうち，仙台市で行われる祭りは？	（仙台）	（仙台）七	（仙台）七夕まつり
⑬ 津軽平野で栽培がさかんな，青森が生産日本一の果実は？		り	りんご
⑭ 山形で栽培がさかんな，桜桃（おうとう）ともよばれる果実は？		さ	さくらんぼ

Puzzle & Test

「基礎基本」定着面白パズル＆テスト

「北海道地方」キーワードパズル

（　）月（　）日　（　）年（　）組（　）番・氏名（　　　　　　　）

1 次のブロックパズルには，下の語群の用語と**2**の①〜⑦の答えになる語句が隠れている。語句ごとに区切ってうすく塗っていくと，どこにも属さない文字が出てくるので，その文字を並べてキーワードを完成させよう。

語群

（※「礼文（島）」・「利尻（島）」・「奥尻（島）」は○で囲んでおこう）

● 下の26の語句をうすく塗ろう！

択捉島…最北端	天塩山地	上川（盆地）	稚内	根室
国後島	大雪山	十勝岳	小樽	札幌
色丹（島）	知床（半島）	渡島（半島）	室蘭	苫小牧
歯舞（群島）	襟裳（岬）	サロマ湖		
	洞爺湖			
風力発電	北見山地	昆布　じゃがいも	流氷	松前（藩）

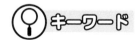

キーワード　□□□□□

128

2 次の①〜⑦にあてはまる語句を答えよう。

① 泥炭地を土地改良することで稲作がさかんになった北海道西部の平野は？
　※泥炭は，どろ状の炭のこと。植物の育ちがよくないので，客土（＝ほかの土地から土をもってきて土地改良）をした。

　　　　　　　　　　　　　　　　　　　漢字2字　□□　平野

② 北海道中央南部にある北海道唯一の山脈は？

　　　　　　　　　　　　　　　　　　　漢字2字　□□　山脈

③ 日本最大の畑作地域が広がる北海道南東部の平野は？
　　小麦，てんさい，じゃがいもなど何種類もの作物を交替でつくる「輪作」が行われているよ！

　　　　　　　　　　　　　　　　　　　漢字4字　□□□□

④ 濃霧（海霧）の影響で夏も冷涼な，耕作に適さない北海道東部の火山灰台地は？

　　　　　　　　　　　　　　　　　　　漢字2字　□□　台地

⑤ 明治時代に北海道を開拓するために置かれた役所を何というの？

　　　　　　　　　　　　　　　　　　　漢字3字　□□□

⑥ 北海道開拓と北方の警備をかねた兵士を何というの？

　　　　　　　　　　　　　　　　　　　漢字3字　□□□

⑦ ④の台地などでさかんな，乳牛を飼育し，乳製品をつくる農業を何というの？

　　　　　　　　　　　　　　　　　　　漢字2字　□□

3 「地名（フリガナ）」と「アイヌ語（意味）」のように，・と・とを線で結んで正しい組み合わせを完成させよう。

地名（フリガナ）	アイヌ語（意味）
室蘭（ムロラン）	トマㇰオマイ（沼の奥にある川）
苫小牧（トマコマイ）	オタルナイ（砂だらけの川）
札幌（サッポロ）	ニムオロ（樹木がしげる所）
小樽（オタル）	モルラン（小さい坂）
根室（ネムロ）	ヤムワッカナイ（冷たい水の川）
稚内（ワッカナイ）	サッポロペツ（かわいた大きな川）

『北海道　環境生活部資料』

Answer 模範解答
「北海道地方」キーワードパズル （全問正解で47点）

1 1点×33問（1つ塗るごとに1点）

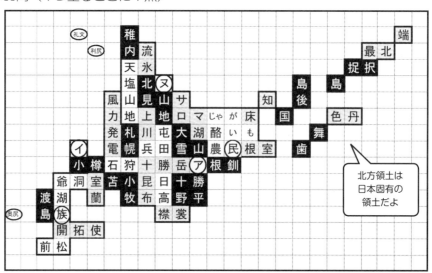

💡 キーワード　アイヌ民族　1点×1問

2 1点×7問

① 石狩（平野）
② 日高（山脈）
③ 十勝平野
④ 根釧（台地）
⑤ 開拓使
⑥ 屯田兵
⑦ 酪農

3 1点×6問（点と点を線で結ぶごとに1点）

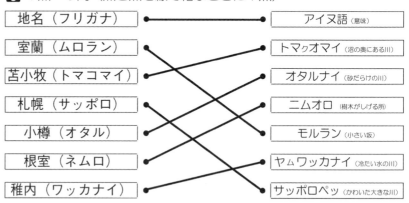

評価基準

A評価
キーワードを含む37問以上の正解
※必ずキーワードが正解していること！

B評価
14問以上の正解

それ以外は
C評価

Test 決めきる！定着テスト

北海道地方

( )月( )日
( )年( )組( )番・氏名( )

___評価
（2回目の評価ＡＢＣを記入）

A評価…5問以上の正解　B評価…2〜4問の正解　C評価…それ以外

● 【やまおり1】を折って1回目，【やまおり2】を折って2回目をやろう！

問題文	2回目	1回目（1文字ヒントあり）	こたえ
① 泥炭地を土地改良することで稲作がさかんになった北海道西部の半野は？	平野	石 平野	石狩平野
② 北海道中央南部にある北海道唯一の山脈は？	山脈	日 山脈	日高山脈
③ 日本最大の畑作地域が広がる北海道南東部の平野は？	平野	十 平野	十勝平野
④ 濃霧（海霧）の影響で夏も冷涼な，耕作に適さない北海道東部の火山灰台地は？	台地	根 台地	根釧台地
⑤ 明治時代に北海道を開拓するために置かれた役所を何というの？		開	開拓使
⑥ 北海道開拓と北方の警備をかねた兵士を何というの？		屯	屯田兵
⑦ ④の台地などでさかんな，乳牛を飼育し，乳製品をつくる農業を何というの？		酪	酪農

おわりに

　本書のパズル＆テストは，教育サークル・新中社（新中学社会科授業研究会）の研究成果がベースとなっている。直接的には，2003年から約2年間にわたって大阪・京都で開かれた編集会議がその原点である。なかでも，泉南の許斐秀樹先生のお宅で開かれた編集会議が印象深い。この日，全国各地から集まった会員による定着テストづくりは深夜まで続いた。先の見えない，気が遠くなるような試行錯誤のなかで，時折爆笑が起こり，その度に名作が生まれた。
　あれから15年……。縁あって，再びパズル＆テストづくりに挑戦することとなった。
　ただ，ここ数年，新中社は活動を休止している。そこで，やむなく単著という形をとることにした。たった一人，用語の選定からパズルの作成・修正など地味な作業の連続だった。しかし，不思議と孤独を感じることはなかった。それは，頭の中でではあるが常に新中社の先生方との対話があったからだ。いわば，「バーチャルサークル活動」といった感覚だ。
　例えば，代表の藤井英之先生なら，このパズルをご自身の授業に組み込みたいと感じるだろうか。どこを修正すれば使ってもらえる形になるのか。先生のお宅での熱い議論を思い起こした。サークル活動は週末夜ふけに始まり，明け方近くまで続くことも珍しくなかった。以前は，前田和也先生のお宅，さらに遡ると御前充司先生のお宅での教育サークル・法中社（法則化中学社会）の活動が私の教師人生の出発点だ。藤井先生をはじめ，参加されていた先生方の顔も目に浮かぶ。嶋田卓幸先生ならこの用語は絶対に外さないだろう。福田孝先生だったらもっと違った角度からのアプローチもあるのかなぁ。そんなことを想像した。
　新中社全国合宿での授業検討も思い返した。一問一答テストをはじめ多くの箇所は，島根の園山真司先生の形式をそのまま利用させていただいた。林原和彦先生の対話的な授業スタイルと，このパズルはマッチするだろうか。八戸の中村幸一先生のような遊び心はなくしたくないなぁ。何より，東洋英和女学院大学の宮崎正康教授からはどんな鋭いご指摘があるだろうか。神奈川の黒木俊治先生にも読んでいただきたいなぁ。そんなことも頭によぎった。
　さて，最初に企画をいただいてから1年半，ついに本書が完成した。その間，原稿のやりとりの度に元気が出るコメントを返してくださった企画の及川誠さん。きめ細かく原稿をチェックしてくださった校正の西浦実夏さんをはじめ，担当の方々の熱意には頭が下がる。
　最後に，このパズル＆テストの可能性を感じさせてくれた文成中学校の生徒諸君には，200万回くらい「ありがとう!!」と叫びたい気分である。
　本書が全国の中学生にとって「深刻な得点力不足解消」の一助になれば幸いである。

　　　　　　　　　　　　　　　　　　　　　和歌山県有田市立文成中学校2階社会科教室にて
　　　　　　　　　　　　　　　　　　　　　　　　2018年12月1日　　南畑　好伸

【著者紹介】

南畑　好伸（みなみばた　よしのぶ）
新中学社会科授業研究会に所属。
兵庫教育大学大学院学校教育専攻の修士課程を修了。
現在，和歌山県有田市立文成中学校教諭。
新たな授業の創造に取り組む。

得点力不足解消！
中学地理「基礎基本」定着面白パズル＆テスト

2019年3月初版第1刷刊　Ⓒ著　者　南　　畑　　好　　伸
　　　　　　　　　　　　　発行者　藤　　原　　光　　政
　　　　　　　　　　　　　発行所　明治図書出版株式会社
　　　　　　　　　　　　　　　　　http://www.meijitosho.co.jp
　　　　　　　　　　　　（企画）及川　誠（校正）西浦実夏
　　　　　　　　　　　　〒114-0023　東京都北区滝野川7-46-1
　　　　　　　　　　　　振替00160-5-151318　電話03(5907)6704
　　　　　　　　　　　　ご注文窓口　電話03(5907)6668

＊検印省略　　　　　　組版所　藤原印刷株式会社

本書の無断コピーは，著作権・出版権にふれます。ご注意ください。
教材部分は，学校の授業過程での使用に限り，複製することができます。

Printed in Japan　　　　　ISBN978-4-18-284911-4
もれなくクーポンがもらえる！読者アンケートはこちらから →

思考力・判断力・表現力を鍛える 新社会科の指導と評価

北 俊夫 著

深い学びを実現する！新しい社会科授業＆評価ナビゲート

A5判 184頁
本体 2,100円＋税
図書番号 2136

社会科で「主体的・対話的で深い学び」をどう実現するか？「思考力・判断力・表現力」を核にすえながら，子どもたちの見方・考え方を鍛える授業づくりと評価のポイントを丁寧に解説。評価テスト例も入れた「資質・能力」を身につける新しい社会科授業ナビゲート決定版！

主体的・対話的で深い学びを実現する！ 100万人が（受けたい）社会科アクティブ授業モデル

河原 和之 編著

子ども熱中間違いなし！「アクティブ社会科」授業ネタ

A5判 168頁
本体 1,900円＋税
図書番号 2581

100万人が受けたい！シリーズの河原和之先生の編著による，「主体的・対話的で深い学び」を切り口とした社会科授業モデル集。子どもの「興味」をひきつける魅力的な教材と，ワクワクな展開を約束する授業の秘訣とは。「深く，楽しく」学べる社会科授業づくり決定版！

平成29年版 小学校 中学校 新学習指導要領の展開 社会編

小学校 北 俊夫・加藤 寿朗 編著
中学校 原田 智仁 編著

大改訂された学習指導要領本文の徹底解説と豊富な授業例

改訂に携わった著者等による新学習指導要領の各項目に対応した厚く，深い解説と，新学習指導要領の趣旨に沿った豊富な授業プラン・授業改善例を収録。圧倒的なボリュームで，校内研修から研究授業まで，この1冊で完全サポート。学習指導要領本文を巻末に収録。

小学校
A5判 200頁 本体 1,800円＋税
図書番号 3279

中学校
A5判 208頁 本体 1,800円＋税
図書番号 3342

続・100万人が受けたい 「中学社会」ウソ・ホント？授業シリーズ

河原 和之 著

子ども熱中間違いなし！河原流オモシロ授業の最新ネタ

100万人が受けたい！「社会科授業の達人」河原和之先生の最新授業ネタ集。「つまものから考える四国」「平城京の謎を解く」「"パン"から富国強兵を」「わくわく円高・円安ゲーム」「マンガで学ぶ株式会社」など，斬新な切り口で教材化した魅力的な授業モデルを豊富に収録。

中学地理
A5判 144頁 本体 1,700円＋税
図書番号 2572

中学歴史
A5判 152頁 本体 1,700円＋税
図書番号 2573

中学公民
A5判 160頁 本体 1,700円＋税
図書番号 2574

明治図書　携帯・スマートフォンからは **明治図書ONLINE** へ　書籍の検索，注文ができます。▶▶▶

http://www.meijitosho.co.jp　＊併記4桁の図書番号（英数字）でHP，携帯での検索・注文が簡単に行えます。

〒114-0023　東京都北区滝野川7-46-1　ご注文窓口　TEL 03-5907-6668　FAX 050-3156-2790

「主体的・対話的で深い学び」を実現する 社会科授業づくり

北 俊夫 著

「深い学び」と知識を育む社会科授業づくりのポイント

改訂のキーワードの一である「主体的・対話的で深い学び」を、どのように社会科の授業で実現するか。①「見方・考え方」の位置付け方②系統性もふまえた「知識」の明確化③教科横断的な指導④評価のポイントの解説に加え、具体的な指導計画&授業モデルをまとめました。

A5判 168頁
本体 2,000円+税
図書番号 2536

Q&Aでよくわかる！ 見方・考え方を育てるパフォーマンス評価

西岡 加名恵・石井 英真 編著

本質的な問いから探究を生む「パフォーマンス評価」Q&A

「本質的な問い」に対応するパフォーマンス課題をカリキュラムに入れることで，教科の「見方・考え方」を効果的に育てることができる！目標の設定や課題アイデアから，各教科の授業シナリオまで。「見方・考え方」を育てる授業づくりのポイントをQ&Aで解説しました。

A5判 176頁
本体 2,000円+税
図書番号 2779

新科目「公共」の授業を成功に導くポイントを徹底解説！

高校社会 「公共」の授業を創る

橋本 康弘 編著

平成30年3月に告示された新科目「公共」の学習指導要領をもとに、求められる「持続可能な社会形成者としての市民育成」「18歳選挙権に伴う主権者教育の充実」、また「主体的・対話的で深い学び」をどのように実現するか。授業づくりのポイントを徹底解説しました。

2,000円+税／A5判／168頁／図書番号 2538

明治図書　携帯・スマートフォンからは **明治図書ONLINEへ**　書籍の検索、注文ができます。 ▶▶▶

http://www.meijitosho.co.jp　＊併記4桁の図書番号（英数字）でHP、携帯での検索・注文が簡単に行えます。

〒114-0023　東京都北区滝野川7-46-1　ご注文窓口　TEL 03-5907-6668　FAX 050-3156-2790

小学校 新学習指導要領 社会の授業づくり

澤井 陽介 著

改訂のキーマンが，新CSの授業への落とし込み方を徹底解説！

資質・能力，主体的・対話的で深い学び，社会的な見方・考え方，問題解決的な学習…など，様々な新しいキーワードが提示された新学習指導要領。それらをどのように授業で具現化すればよいのかを徹底解説。校内研修，研究授業から先行実施まで，あらゆる場面で活用できる1冊！

四六判 208頁
本体 1,900円+税
図書番号 1126

中学校 新学習指導要領 社会の授業づくり

原田 智仁 著

改訂のキーマンが，新CSの授業への落とし込み方を徹底解説！

資質・能力，主体的・対話的で深い学び，見方・考え方，評価への取り組み…など，様々な新しいキーワードが提示された新学習指導要領。それらをどのように授業で具現化すればよいのかを徹底解説。校内研修，研究授業から先行実施まで，あらゆる場面で活用できる1冊！

A5判 144頁
本体 1,800円+税
図書番号 2866

社会科授業サポートBOOKS 小学校社会科「新内容・新教材」指導アイデア／「重点単元」授業モデル

北 俊夫 編著

「重点単元」「新教材・新内容」の授業づくりを完全サポート！

平成29年版学習指導要領「社会」で示された「新内容・新教材」「重複単元」について，「主体的・対話的で深い学び」の視点からの教材研究＆授業づくりを完全サポート。キーワードのQ&A解説と具体的な指導計画＆授業モデルで，明日からの授業づくりに役立つ必携バイブルです。

A5判 168頁
各 本体 2,000円+税
図書番号 2148, 2329

主体的・対話的で深い学びを実現する！ 板書＆展開例でよくわかる 社会科授業づくりの教科書 3・4年 5年 6年

朝倉 一民 著

1年間365日の社会科授業づくりを完全サポート！

1年間の社会科授業づくりを板書＆展開例で完全サポート。①板書の実物写真②授業のねらいと評価③「かかわる・つながる・創り出す」アクティブ・ラーニング的学習展開④ICT活用のポイントで各単元における社会科授業の全体像をまとめた授業づくりの教科書です。

3・4年
B5判 136頁 本体 2,200円+税 図書番号 2285

5年
B5判 176頁 本体 2,800円+税 図書番号 2293

6年
B5判 184頁 本体 2,800円+税 図書番号 2296

明治図書　携帯・スマートフォンからは **明治図書 ONLINE** へ　書籍の検索，注文ができます。▶▶▶

http://www.meijitosho.co.jp　＊併記4桁の図書番号（英数字）でHP，携帯での検索・注文が簡単に行えます。

〒114-0023 東京都北区滝野川7-46-1　ご注文窓口　TEL 03-5907-6668　FAX 050-3156-2790